国家社科基金一般项目“运用大数据提升党建质量的路径研究”（课题批准号：18AWTJ10）阶段性研究成果

国家社科基金重点项目“新时代构建‘五位一体’现代化国家治理体系问题研究”（课题批准号：20AZD005）阶段性研究成果

本书由山东社会科学院科研基金资助出版

运用大数据促进国家治理现代化研究

冯锋 著

中国社会科学出版社

图书在版编目（CIP）数据

运用大数据促进国家治理现代化研究 / 冯锋著 . —北京：中国社会科学出版社，2023.9

ISBN 978－7－5227－2472－0

Ⅰ. ①运…　Ⅱ. ①冯…　Ⅲ. ①国家—行政管理—现代化管理—研究—中国　Ⅳ. ①D630.1

中国国家版本馆 CIP 数据核字（2023）第 155073 号

出 版 人　赵剑英
责任编辑　田　文
特约编辑　周晓慧
责任校对　张爱华
责任印制　王　超

出　　版　中国社会科学出版社
社　　址　北京鼓楼西大街甲 158 号
邮　　编　100720
网　　址　http://www.csspw.cn
发 行 部　010－84083685
门 市 部　010－84029450
经　　销　新华书店及其他书店

印　　刷　北京明恒达印务有限公司
装　　订　廊坊市广阳区广增装订厂
版　　次　2023 年 9 月第 1 版
印　　次　2023 年 9 月第 1 次印刷

开　　本　710×1000　1/16
印　　张　13.25
插　　页　2
字　　数　188 千字
定　　价　69.00 元

目　　录

绪　论

“大数据”（Big Data），是一个近年来被频繁提及和使用的概念。2012 年 1 月，大数据成为瑞士达沃斯世界经济论坛的主题之一；2012 年 5 月，联合国“全球脉冲”计划发布了《大数据开发：机遇与挑战》研究报告，阐述了大数据带来的机遇、主要挑战和应用等相关问题；媒体更是将 2013 年称为“大数据元年”，欧盟和英国、法国、日本、韩国等政府都提出或出台了相应的大数据发展战略。大数据时代的来临，以及大数据革命的系统性影响和深远意义，同样引起了中国的战略响应。广东、上海、浙江、贵州等多个省市发布了大数据发展战略，国家层面的《关于促进大数据发展的行动纲要》也于 2015 年 8 月正式通过。2015 年 10 月，党的十八届五中全会强调要“实施国家大数据战略，推进数据资源开放共享”，吹响了中国由数据大国向数据强国迈进的号角。这不仅对于中国经济社会发展具有深远的意义，而且对于完善国家治理体系、提升国家治理能力必将产生十分重要的积极影响。

种种迹象表明，大数据时代已经悄然来临，将大数据引入国家治理已是国际共识，大数据引起的革命和变革必须在国家治理领域得到充分重视，理应得到包括学术界在内的各界的广泛关注。因此，笔者将“运用大数据促进我国国家治理现代化研究”作为论域，其主要目的在于，通过梳理、研究大数据和国家治理的有关理论，结合国内外运用大数据进行国家治理的实践，深入探究大数据时代背景下推进国家治理现代化的现实意义、价值导向、挑战机遇、战略举措等一系列重大问题。

一 研究意义

在推进国家治理现代化的实践逻辑中，科学的治理技术和方法是重要载体。作为一种科学的数据处理技术，大数据能够有效集成国家经济、政治、文化、社会、生态以及党的建设等领域方方面面的信息资源，为推进国家治理现代化提供重要的数据基础和决策支撑。然而，大数据与国家治理的有机融合不是自然生成的，需要学理的支持、智力的支撑。为此，就有必要对大数据视角下的国家治理现代化问题进行深入研究。

（一）理论意义

从理论上看，研究大数据视角下的国家治理现代化，有利于我们更好地了解和认识马克思主义国家学说，有利于进一步丰富和完善国家治理现代化理论，不断拓展中国特色社会主义特别是中国式现代化理论的深化发展。

第一，有助于丰富和发展马克思主义国家学说。马克思主义是社会主义国家的根本指导理论，其国家学说作为该理论体系的重要组成部分，当然也是中国社会主义国家治理的理论基础。新中国成立以来，尤其是改革开放以来，关于如何治理社会主义国家，中国共产党领导全国人民进行了艰苦探索，确定了党的领导、人民当家作主和依法治国相统一的国家治理的基本原则，提出了以人为本、科学发展、和谐社会等国家治理的新理念，构建起了一整套完整的国家治理体系。所有这些都丰富和发展了马克思主义的国家学说。研究如何将大数据融入国家治理当中，可以为国家治理注入新的理念、技术和方法，对于马克思主义国家学说，尤其是社会主义国家治理理论的丰富和发展，当然也具有重要的理论价值。

第二，有助于中国特色社会主义理论的丰富和发展。党的十八届三中全会以全面深化改革为主题，提出了实现国家治理体系和治理能力现代化的重要目标。党的二十大全面系统阐述了中国式现代化理论的科学内涵、本质要求、重要原则等重大理论问题，进一步丰富发展了国家治理现代化理论。国家治理现代化理论的提出和发展，既是对马克思主义国家治理理论的新探索，又是中国特色社会主义理论发展的重要成果。本书将在已有研究成果的基础上深入探讨大数据时代背景下推进国家治理体系和治理能力现代化的内在逻辑，深入分析中国特色社会主义的国家治理与大数据有机结合的客观规律，深入研究大数据国家治理的理念转型、体系重构、机制创新等一系列重要理论问题，这无疑有利于推进现代科技与当代中国国家治理的有机结合，同时也有利于进一步丰富和完善中国国家治理理论，进而推动中国特色社会主义特别是中国式现代化理论的丰富和发展，推进国家治理体系和治理能力的现代化进程。

（二）现实意义

从国家治理的角度来看，大数据融入国家治理可以被理解为是“一场管理的革命”，具有催生治理体系创新和提升治理能力的积极效果。作为实现国家治理现代化的一种技术路径，研究大数据国家治理不仅具有重要的理论意义，而且具有深远的实践意义。

第一，有利于解决当代中国的现实问题。改革开放40多年来，中国社会主义建设取得了举世瞩目的巨大成就，综合国力显著提高、社会发展和谐稳定、人民生活明显提高。然而，由于历史性、地域性、体制性等多方面原因，中国发展呈现出明显的差异性特征，各类社会矛盾和问题日益复杂，创新、协调、绿色、开放、共享发展的任务仍然十分艰巨。在此背景下，必然要求转变国家治理的理念，加大国家治理的力度，提升国家治理的效能。研究大数据视角下的国家治理问题，其根本目的正是借助大数据的理念方法和技术，提升国家治理体系和治理能力的现代化建设水平，切实推动解决国家治理领域的种种现实难题。

第二，有利于推动国家治理的科学决策。在大数据时代，随着云计算、移动网络、物联网、区块链、人工智能等新兴信息技术的广泛应用，经济、政治、文化、社会、生态以及党的治理等各个领域都产生了大量数据。研究如何对这些海量数据进行深入挖掘、分析和利用，将为国家治理主体，尤其是享有数据优势的各级党委和政府部门，及时准确地搞清楚事件发生、发展的客观规律和前景趋势，及时作出综合研判和进行科学决策提供理论支持。在国家治理过程中的决策必须建立在决策者已经掌握了完整数据信息的基础之上，这样才能为决策者和参与者提供多角度、多层次的行动指南和价值评价体系。① 正如美国知名学者丹尼尔·埃斯蒂所指出的："基于数据驱动的决策方法，政府将更加有效率、更加开放、更加负责，引导政府前进的将是'基于实证的事实'，而不是'意识形态'，也不是利益集团在政府决策过程中施加的影响。"②

第三，有利于形成多元共治的治理格局。治理的要旨在于多元主体共同参与，国家治理同样如此。国家治理强调的是国家政权的所有者、管理者和利益相关者等多元行动者在一个国家的范围内对社会公共事务的合作管理。在大数据时代，人们都处在一个由数据构成的世界里，数据化是当今时代呈现出来的"新常态"，甚至人都可以被理解为一切数据足迹的总和。大数据理念和技术方法的运用，"使得任何一位具备信息技术素养的主体都能成为信息的生产者、传播者"③，这无形当中就使得各类社会主体都参与到了国家治理的决策当中，同时也利于让政府系统内部的各部门协调运作起来，加快消除各类"信息孤岛"，共同推动实现数据共享，从而为决策者作出决策提供更加科学的数据依据。研究这些可以随时捕捉到的数据如何实现与新媒

① 蒋敏娟、黄璜：《数字政府：概念界说、价值蕴含与治理框架——基于西方国家的文献与经验》，《当代世界与社会主义》2020 年第 3 期。

② 转引自李志刚《大数据，大价值，大机遇，大变革》，电子工业出版社 2012 年版，第 53 页。

③ 沈费伟、诸靖文：《数据赋能：数字政府治理的运作机理与创新路径》，《政治学研究》2021 年第 1 期。

体、新技术的有机融合，不仅可以为国家治理主体提供必要的数据支撑，使其能够充分而及时地了解社会发展的动态与趋势，而且有利于推动各类治理主体打破时空限制，形成良好的互动局面，进而推动形成党委和政府主导、社会公众积极参与的多元主体协同治理新格局。

二　国内外研究现状综述

随着大数据时代的到来，学术界、企业界甚至政府机构都开始关注大数据、研究大数据。研究视域从自然科学逐渐蔓延到社会科学，从研究其物理属性扩散到研究其社会属性。就国家治理领域而言，国内外学界很多专家学者也已经引入了大数据的技术和方法进行研究，并且推出了很多成果。

（一）国内研究现状

关于大数据视角下的国家治理问题，国内学界已进行了卓有成效的分析和研究，经过笔者的梳理与归纳，主要可以总结为以下九个方面。

1. 关于大数据的概念内涵

国内学者对该领域的研究主要集中在互联网和计算机科学视域内，社会科学领域的分析也逐渐增多，但研究更多是引用国外相关的概念和说法进行概括。比如，有学者提出，大数据就是无法在一定时间范围内用常规软件工具进行捕捉、管理和处理的数据集合，是由数量巨大、类型繁多、结构复杂的数据构成的数据集合体。[①] 当然，中国也有一些学者对其概念有着独特认识。比如李军指出："大数据就是一个体量特别大，数据类别特别丰富的数据集。""它本身并不是一种新的技术，也不是一种新的产品，而是我们这个时代出现的一种现象。"[②] 大数据治国战略研究课题组在其《大数据领导干部读本》

① 胡厚翠：《大数据时代政府治理能力提升的对策建议》，《岭南学刊》2018 年第 5 期。
② 李军：《大数据——从海量到精准》，清华大学出版社 2014 年版，第 9 页。

中分别从微观、中观、宏观三个层次，从技术、生产要素、认识论三个角度对大数据的概念作出了较为全面的界定。① 王建冬等则从新数据形态、新产业业态、新业务模式、新思维理念四个层次分析了大数据的基本内涵，认为大数据就是“伴随数据信息的存储、分析等技术进步，而被人们所收集、利用的超出以往数据体量、类型，具有更高价值的数据集合和信息资产”②。

2. 关于大数据的主要特点

金江军、郭英楼认为，大数据主要有六大特征，分别是数据差异化（Variety）、数据容量大（Volume）、处理速度快（Velocity）、时效性强（Vitality）、可视化（Visulization）以及复杂度高（Complexity）。③ 刘叶婷、唐斯斯认为，学界推崇的大数据的“4V”特征或是其他特征，揭示的都只是大数据的物理属性，正确理解大数据的特征，应该赋予其更丰富的社会属性内涵，“要看到大数据在创造社会价值、变革行为方式等社会属性的‘大’，而不仅仅只是其物理属性的‘大’”。他们提出了大数据的社会属性特征，认为大数据既是一种可以对海量数据进行快速处理并获取有价值的技术，又是一种能找到相互关联事物的规律性进而预测未来和带来创新的能力；既是一种以“开放共享”为核心价值观的思维方式，又是一个以数据为基本元素的、以数据为战略资产的时代。④ 王露等跳出了“Vs”范畴，用了“大杂全多快，久活简稀联”10 个字，分别分析了大数据量大面全、方便快捷、低价值度、重关联性等特点⑤，给人以耳目一新的感觉。

---

① 大数据治国战略研究课题组：《大数据领导干部读本》，人民出版社 2017 年版，第 2 页。

② 王建冬、童楠楠、易成岐：《大数据时代公共政策评估的变革》，社会科学文献出版社 2019 年版，第 9 页。

③ 金江军、郭英楼：《智慧城市：大数据、互联网时代的城市治理》，电子工业出版社 2018 年版，第 88—89 页。

④ 刘叶婷、唐斯斯：《大数据对政府治理的影响及挑战》，《电子政务》2014 年第 6 期。

⑤ 大数据治国战略研究课题组：《大数据领导干部读本》，人民出版社 2017 年版，第 49—51 页。

总体来看，未来随着大数据在自然科学及社会科学领域技术发展的逐渐成熟，以及人们对大数据应用的逐步深入，大数据的“Vs”特性以及其他特征必将不断深化和拓展。

3. 关于大数据在国家治理中的重要价值

先进的治理技术和科学的治理方法是推进治理体系现代化和治理能力现代化的重要载体。大数据已成为全球治理的新工具，它在不断瓦解政府传统治理方式的进程中开启了一种全新治理理念和治理模式的转型。中国大数据国家治理理论研究的先驱——涂子沛，在他的集大成之作《数据之巅——大数据革命，历史、现实和未来》一书的开篇中就提出：“数据文化是尊重事实、强调精神、推崇理性和逻辑的文化。数据文化的匮乏，是中国之所以落后的一个重要原因；建设这种文化，中华文明的面貌将焕然一新。”① 字里行间流露出的是作者对于数据文化的极力推崇。同时，作者实际上也在提示我们：大数据时代，推进国家治理现代化，必须重视数据文化的培养，充分发挥大数据在国家治理中的重要价值。

关于大数据的价值作用，有学者将其概括为三点，分别是有利于社会主体参与到政府治理当中去、有利于政府在治理过程中从被动变主动以及有利于提升政府社会治理的精细化能力。② 周文彰认为，大数据已成为全球治理的新工具，“在大数据条件下，数据驱动的‘精准治理体系’‘智慧决策体系’‘阳光权力平台’将逐渐成为现实”。“政府可以借助大数据实现智慧治理、数据决策、风险预警、智慧城市、智慧公安、舆情监测等。大数据将通过全息的数据呈现，使政府从‘主观主义’‘经验主义’的模糊治理方式，迈向‘实事求是’‘数据驱动’的精准治理方式。”③ 有学者认为，大数据作为一种数字

① 涂子沛：《数据之巅——大数据革命，历史、现实和未来》，中信出版社 2014 年版，第 3 页。

② 黎智洪：《大数据背景下地方政府治理工具创新与选择》，《湖南大学学报》（社会科学版）2018 年第 5 期。

③ 周文彰：《以大数据促进国家治理现代化》，《光明日报》2015 年 11 月 25 日。

时代的新型治理模式，在将政府管理改革推进至一个全新阶段的同时，还能够有效推进政府部门内部及其与社会公众关系的重构。[①] 还有学者认为，大数据带来的是一场治理的革命，因为“它将通过全息的数据呈现，使政府从‘主观主义’‘经验主义’的治理方式，迈向‘实事求是’‘数据驱动’的治理方式。”[②]

陈潭指出，数据正在成为一种生产资料，成为一种稀有资产和新兴产业。“作为一种新兴数据处理技术，大数据的主要价值体现在能够有效地集成国家政治、经济、文化、社会、生态等各领域方方面面的信息资源，为国家治理提供重要的数据基础和决策支撑。”[③] 胡洪彬指出，大数据时代的到来，给中国国家治理提供了全新渠道，对国家治理能力提升有其特殊价值。首先，从国家治理的主体视角来看，大数据环境下信息的快捷性有效拓展了国家治理的主体范围。其次，从国家治理的客体视角来看，大数据环境下动态化的数据信息提升了对国家治理对象的科学认知。最后，从国家治理的过程来看，大数据环境下数据的多样性促进了国家治理的透明化。[④]

刘叶婷、唐斯斯提出，大数据对国家治理主要产生了以下积极影响：一是使政府公共决策趋于“社会化”。社交网络快速发展所产生的社会行为大数据将使得政府决策“社会化”特征更加明显，对社会行为数据的深度分析使得政府在决策治理机制上呈现出社会化创新趋势。二是社会参与将从“象征性”阶段进入“实质性”阶段。在大数据时代，政府将以更加开放的心态把民众当作“合作伙伴”和城市问题的“决策者”，给民众提供广泛的参与机会，从而推动公众参与由象征性参与阶段迈向实质性参与阶段。三是使社会治理“去

① 王建冬、童楠楠、易成岐：《大数据时代公共政策评估的变革》，社会科学文献出版社 2019 年版，第 2 页。

② 大数据治国战略研究课题组：《大数据领导干部读本》，人民出版社 2017 年版，第 57 页。

③ 陈潭：《大数据时代的国家治理》，中国社会科学出版社 2015 年版，第 2 页。

④ 胡洪彬：《大数据时代国家治理能力建设的双重境遇与破解之道》，《社会主义研究》2014 年第 4 期。

危机”化。大数据通过增强对现象发生小概率的关联与研究，可以有效减少社会危机发生的不确定性，增强风险预警能力，降低社会危机所带来的危害。①

吴文琦从基层政府治理的角度分析了大数据推进政府治理现代化的积极作用。他认为，将大数据运用于基层政府治理，不仅有利于拓展治理视角，而且有利于实现地方基层政府之间的跨域协作，同时还能有效提高基层治理公共决策科学化、推进政策执行、优化社会管理、优化公共服务等能力，从而有效推进基层治理工作更加高效和精准。② 金江军、郭英楼则从提高政府服务和监管的角度，分析了运用大数据的理念、技术和方法所带来积极影响，包括有利于政府充分获取和运用信息，更加准确地了解市场主体需求，提高服务和监管的针对性、有效性；有利于推进简政放权，实现放管结合，切实转变政府智能；有利于加强社会监督，发挥社会公众对规范市场主体行为的积极作用；有利于高效利用现代信息技术和数据资源及社会化的信息服务。③

4. 关于大数据给国家治理带来的新机遇

有学者提出，中国运用大数据促进国家治理主要面临以下机遇：一是中国基础设施不断完善，数据资源丰富；二是国内大数据市场需求旺盛，潜力巨大；三是大数据战略顶层设计初步成形，大数据发展政策环境不断优化；四是中国大数据领域具备一定的产业技术基础。④

吴建树认为，大数据为政府治理能力的提升带来了发展机遇。一是通过让海量、动态、多样的数据有效集成为有价值的信息资源，推

---

① 刘叶婷、唐斯斯：《大数据对政府治理的影响及挑战》，《电子政务》2014 年第 6 期。

② 吴文琦：《充分利用大数据技术提升基层政府治理能力》，《人民论坛》2019 年第 12 期。

③ 金江军、郭英楼：《智慧城市：大数据、互联网时代的城市治理》，电子工业出版社 2018 年版，第 104 页。

④ 大数据治国战略研究课题组：《大数据领导干部读本》，人民出版社 2017 年版，第 252—258 页。

动政府转变管理理念和治理模式，进而加快治理体系和治理能力现代化；二是降低政府治理偏差概率，提高政府治理的精细化和科学化；三是使政府治理所依据的数据资料更加全面，不同部门和机构之间的协调更加顺畅，进而有效提高工作效率，节约治理成本。①

郭建锦、郭建平认为，大数据具有催生治理模式创新的效果，必将给中国国家治理能力建设带来新前景、新机遇：一是利用大数据能提升国家的智慧决策水平；二是利用大数据能提升国家的公共服务能力；三是利用大数据能提升国家的腐败防治水平；四是利用大数据能提升国家的自然风险治理能力。一方面，利用大数据能够全面评估环境灾害风险，环境质量风险，积极主动地应对疾病传播、地震、海啸等传统风险；另一方面，利用大数据能嗅探出隐含在网络中的社会情绪，并及时采取应对措施（非网络封堵），将社会风险化解于萌芽状态。②

刘叶婷、唐斯斯认为，大数据给国家治理带来的新机遇，主要表现在大数据的应用能够加速政府治理创新，推动政府治理范式在新公共管理、新公共服务、整体治理、数字化治理、网络化治理等多种治理模式的基础上，被“智能化”地重新塑造。他们认为，在大数据时代，海量基础数据经过三次转化，政府治理就可以实现“智能”化。③

徐继华等认为，中国在信息技术上的后发优势，以及在一些方面拥有的独特优势，使我们在大数据国家治理方面具备了创新甚至是超越发达国家的可能性。其一，中国庞大的人口基数隐藏着无穷的数据宝藏；其二，与欧美国家相比，中国政府在社会体系中的地位、能力和影响力要大得多，因而它所拥有的公共数据资源也多得多；其三，中国拥有世界上最大的知识群体，拥有全世界无可比拟的人才优势；

---

① 吴建树：《大数据时代政府治理能力的提升》，《光明日报》2014 年 9 月 17 日。

② 郭建锦、郭建平：《大数据背景下的国家治理能力建设研究》，《中国行政管理》2015 年第 6 期。

③ 刘叶婷、唐斯斯：《大数据对政府治理的影响及挑战》，《电子政务》2014 年第 6 期。

其四，中国将成为世界上最大的信息技术市场，可能给中国经济带来前所未有的机会。①

5. 关于大数据国家治理面临的问题与挑战

大数据治国战略研究课题组指出，中国大数据发展面临着非常严峻的风险和挑战：一是大数据战略储备能力不足，国家大数据战略实施落地缺乏机制保障；二是条块分割体制壁垒和“信息孤岛”，阻碍数据开放和共享；三是传统治理思维和体制明显不适应大数据时代的要求，引发新难题；四是维护“数据主权”的法律法规及配套政策缺失或滞后；五是全球大数据战略博弈升级，中国面临着大数据安全风险。② 杨贺认为，运用大数据促进国家治理主要面临着三种制约：数据观念转变不到位、政府内部缺乏数据人才以及数据信息安全问题突出。③

郭建锦、郭建平认为，中国现有的国家治理体系呈现出和大数据时代一定程度的不适应，大数据时代国家治理能力建设主要面临以下新挑战：一是大数据重视相关关系而忽视因果关系的治理缺陷。④ 二是结果预判可能挑战基本的伦理规范。大数据在实现精准预测的同时，很可能会削减或剥夺社会主体自由探索的机会并引发一系列问题（如运用大数据进行“钓鱼执法”），这是严重违背文明社会“人人平等”基本伦理要求的。三是数据独裁与隐私侵犯问题。在大数据时代，政府或大企业所具有的大数据资源和技术优势，极易造成对个体隐私的严重侵害。为了市场利益或者政治格局，数据独裁方甚至有可能篡改数据，进行造假分析和结果控制。四是数据能耗及智能时代可

---

① 徐继华、冯启娜、陈贞汝：《智慧政府——大数据治国时代的来临》，中信出版社2015年版，第10页。

② 大数据治国战略研究课题组：《大数据领导干部读本》，人民出版社2017年版，第259—261页。

③ 杨贺：《大数据背景下推进政府治理能力现代化问题研究》，《黑河学刊》2019年第2期。

④ 郭建锦、郭建平：《大数据背景下的国家治理能力建设研究》，《中国行政管理》2015年第6期。

能的大规模失业问题。“智能机器人、3D 打印机等智能化设备将全面登场并占据主要地位，大量一线产业工人可能面临失业问题。”①

田先红从地方政府治理的角度分析了大数据时代国家治理面临的挑战。她结合 2020 年以来新冠疫情防控举措提出了政府治理所面临的三个方面挑战：第一，场景的更换导致政府传统决策模式面临向着大数据时代的转型。第二，由于大数据时代政府决策需求，传统的数据采集手段要向大数据采集手段转变。第三，改变数据孤岛割据、数据烟囱林立状况，推进数据实现互联共享进而提升数据治理效能。②

陈潭认为，利用大数据赋能于国家治理，要认识到其中立客观的工具性。大数据既不能直接迎合国家治理的价值倾向，也不能表现出国家治理的政治立场。因此，将大数据运用于国家治理时，必须着力采取措施对其中立客观的工具属性可能引发的数据主权风险、数据安全风险、数据垄断风险，进行有效规避和应对。③

胡洪彬提出，大数据国家治理的主要挑战表现在两个方面：一是庞杂的数据供给增加了国家治理的复杂性。二是国家治理进程面临着更为严峻的信息安全问题。大数据导致国家治理机构更易遭受网络黑客的恶意攻击，国家治理主体和公民个人面临着更大的隐私泄露危机。④

吴朝文等指出，由于其智能化等特点，大数据在促进国家治理体系和治理能力现代化的同时，也面临着技术相对落后、人才支撑不够、个人隐私泄露、公共安全受威胁以及数据有效嵌入国家治理过程

---

① 郭建锦、郭建平：《大数据背景下的国家治理能力建设研究》，《中国行政管理》2015 年第 6 期。

② 田先红：《大数据时代地方政府治理：挑战与应对》，《人民论坛》2020 年第 2 期下、第 3 期上合刊。

③ 陈潭：《国家治理的大数据赋能：向度与限度》，《中南大学学报》（社会科学版）2021 年第 5 期。

④ 胡洪彬：《大数据时代国家治理能力建设的双重境遇与破解之道》，《社会主义研究》2014 年第 4 期。

等方面的一系列困境和挑战。[①]

李江静认为，国家治理能力现代化视域下的大数据应用还存在以下问题：一是在意识层面，中国还缺乏“数据治国”的战略思维。二是在管理层面，中国还缺乏完善的数据管理制度。三是在共享层面，中国还缺乏充分开放的数据信息。四是在操作层面，中国还缺乏成熟的技术与人才。[②]

6. 关于大数据治理对国家治理现代化的重要意义

大数据治国战略研究课题组认为，对于国家治理现代化来说，大数据能再造国家治理体系，推进其现代转型与能力重构。大数据可以通过对海量、动态、高增长、多元化、多样化数据的高速处理，快速获得有价值信息，提高公共决策水平，降低治理成本。发展大数据治理能够使国家治理结构逐步实现从国家独大的治理结构转向多元共治结构，从封闭性治理结构转向开放性结构，有利于提升政府的透明度和打造阳光权力平台。大数据治理能够挖掘促进国家治理主体多元化，促进实现国家治理决策科学化，通过数据共享实现国家治理协同化，促进国家治理范式变革，推动政府从“权威治理”向“科学治理”转变，并有效提高政府精细化管理水平。[③]

作为国家治理的重要技术工具，大数据与国家治理的有机融合有利于提升国家治理体系和治理能力现代化水平。对此，周文彰提出，要以大数据促进国家治理现代化，“大数据是一场管理革命，‘用数据说话、用数据决策、用数据管理、用数据创新’，会给国家治理方式带来根本性变革”[④]。陈潭则认为，将大数据运用于国家治理，其重要价值意义主要在于能够引起国家治理发生深刻转型和积极性变

---

① 吴朝文、景星维、张欢：《国家治理中大数据智能化的价值、困境与实现路径》，《重庆社会科学》2021 年第 10 期。

② 李江静：《大数据对国家治理能力现代化的作用及其提升路径》，《中共中央党校学报》2015 年第 8 期。

③ 大数据治国战略研究课题组：《大数据领导干部读本》，人民出版社 2017 年版，第 267—269 页。

④ 周文彰：《以大数据促进国家治理现代化》，《光明日报》2015 年 11 月 25 日。

化，比如，可以推进治理主体走向多元协同，推进治理体系从科层制向扁平化转型，推进国家治理更加透明和在阳光下运行，以及推进国家决策更加科学、精准和有效。①

刘博提出，国家治理体系和治理能力现代化，强调的是一种民主的、参与式的、互动式的管理，需要多方进行协调。要达到这样的要求，就必须掌握大数据，通过对经济、政治、文化、社会、生态等各领域方方面面的信息资源进行聚合分析，为国家治理提供重要数据基础和决策支撑。大数据处理是完善国家治理的金矿，借大数据的东风，抓住大数据的机遇，中国就能站在现代化的制高点上，提高信息时代的国际竞争力，实现国家治理能力和治理体系的现代化。②

唐皇凤、陶建武指出："在中国国家治理现代化的实践逻辑中，合适的治理技术是治理体系现代化切实推动治理能力现代化的有效媒介，大数据作为国家治理现代化的科技型技术，能够优化治理过程的生态环境，扩展制度设计的弹性空间，是诱发制度创新与治理转型的良好契机。"③ 他们认为，在推进国家治理现代化的过程中，大数据主要能够提升国家治理的四种能力：一是有利于提升国家治理的科学决策能力；二是有利于提升国家治理的社会监管能力；三是有利于提升国家的公共服务能力；四是有利于提升国家的应急管理能力。

李江静认为，大数据在促进国家治理能力现代化的过程中主要发挥四方面的作用：一是助推治理主体从单一走向多元，形成协同治理的新格局。在大数据时代，数据化是信息呈现出来的"新常态"，不仅能够为国家治理的多元主体提供充足的信息资源，而且能够极大地拓宽各个治理主体之间交流和沟通的渠道，进而有利于形成国家主导、人民参与、多元主体协同治理的新格局。二是助推治理过程从

---

① 陈潭：《国家治理的大数据赋能：向度与限度》，《中南大学学报》（社会科学版）2021 年第 5 期。

② 刘博：《大数据时代的国家治理现代化》，《领导之友》2014 年第 7 期。

③ 唐皇凤、陶建武：《大数据时代的中国国家治理能力建设》，《探索与争鸣》2014 年第 10 期。

“亚透明”走向“可视化”，提升民主化治理的程度。大数据既为人民参与决策、监督等国家治理过程提供了便捷渠道，又在客观上推动政府开放数据实现政务公开，从而提升国家治理的民主化程度。三是助推对治理客体进行更精准的分析，提高决策的科学性国家治理能力。对大数据的挖掘和利用，能够促使国家和政府及时把握和科学研判相关领域的状况，从而形成对治理客体的准确认知。四是助推治理结构从“纵向为主”走向“纵横交错”，增强协作治理能力。①

7. 关于大数据对国家治理决策的影响

王向民认为，大数据将通过重塑公共政策实现民主与科学。第一，大数据能够提供民意辩论与协商共识所需的全部资料，为民意辩论与协商共识提供了足够的信息与时间。第二，互联网与云计算将实现政治参与的直接民主和多数决策，有助于推动独立、自由、平等政治价值观的彻底实现。第三，大数据可以实现全样本调查，从而实现真正的实证科学决策。第四，大数据能够实现“全样本”研究，从而更好地作出预测性优化决策。②

唐皇凤、陶建武指出，大数据技术能有效提升国家的科学决策能力。“大数据的采集和分析不分层级，能够使信息扁平化而直接向决策者提供决策依据和参考。在执政党和政府的公共决策中应用大数据技术，能够增强决策的公平性、预见性和响应性，增强公共决策的民主化和科学化水平。”③

熊光清指出，大数据技术能够提升决策的科学化水平，其主要原因在于它可以以先进的技术手段有效推进政府决策系统的全面重塑。他认为，国家治理的决策系统的科学运转关键在于其各子系统（主要是信息、咨询、决断、执行和监控等子系统）能够实现良好运转。

---

① 李江静：《大数据对国家治理能力现代化的作用及其提升路径》，《中共中央党校学报》2015 年第 8 期。

② 王向民：《大数据时代的国家治理转型》，《探索与争鸣》2014 年第 10 期。

③ 唐皇凤、陶建武：《大数据时代的中国国家治理能力建设》，《探索与争鸣》2014 年第 10 期。

而大数据的运用恰恰能够为这些子系统的良好运转提供技术保障，进而促进形成适应大数据时代要求的科学化、现代化国家治理决策系统。①

杨贺认为，将大数据运用于国家治理，能够有效减少决策者主观主义、经验主义的不良影响，进而推动形成政策更加精准、决策更加顺畅、落实更加有力的良好机制。政府决策者运用大数据的技术和方法，不仅可以对有关公共事项所涉及的信息和数据进行有效汇集和整合分析，进而为作出科学判断和决策奠定良好基础，而且可以通过将大数据与互联网的深度融合，充分了解民情民意，使得决策能够更加反映公众需求。同时，大数据的合理运用，还能够利用实时更新的技术优势，对有关决策事项的发展变化进行有效跟踪，及时弥补决策的不足和漏洞。②

8. 关于大数据国家治理的数据开放与共享

中国工程院院士、大数据权威专家李国杰认为，数据共享是大数据时代国家治理体系现代化的前提。关于政府应该如何共享数据，他提出了一系列原则：开放原则、价值导向原则、质量保障原则、责权利统一原则以及数字连续性原则。

赵明亮等也认为，推进大数据国家治理必须以公众需求为导向公开数据信息，因为数据的公开和共享可以极大地方便民众的生活，为有关部门的决策管理提供重要参考。他指出，数据开放共享主要存在以下问题："一是数据条块分割严重，干扰数据汇聚，服务推行困难；二是数据平台缺乏统一标准，开放共享成本大。'一个部门一个样，放开了也拿不走'；三是部门利益至上，一些数据资源丰富的部门不愿共享。"③

① 熊光清：《大数据技术的运用与政府治理能力的提升》，《当代世界与社会主义》2019年第2期。

② 杨贺：《大数据背景下推进政府治理能力现代化问题研究》，《黑河学刊》2019年第2期。

③ 赵明亮等：《大数据助力国家治理之道》，《瞭望》2015年第4期。

熊光清认为，在大数据条件下，政府部门只有与其他社会治理主体实现了数据共享，多元治理的格局才能真正形成。大数据技术方法的运用，能够推进建立统一的数据库和云平台，使得其他社会主体也能够通过数据载体平台参与到国家治理当中来。与此同时，对于政府系统内部来讲，大数据云平台的建立，也有利于政府不同层级、部门之间实现信息的交流与共享，克服以往“各自为政”的治理弊端，从而有利于形成协同共治的治理格局。①

王山也认为，基于大数据技术建立的数据共享平台，有利于政府与社会公众的互动与交流，可以为政府进行综合治理提供新的思路和参考依据，进而推进国家治理的智慧化。他同时指出，大数据时代的数据开放与共享还面临一些严峻挑战，包括政府内部缺乏横向及纵向的数据信息共享机制、政府与社会公众之间缺乏沟通交流的互动平台，以及数据共享还缺少相应的规范标准与科学制度。要推进数据的开放与共享，首先必须实现政府内部、政府与其他社会主体、社会主体之间的合作与互动，然后再建立统一的大数据信息共享平台，并配套完善的科学制度和机制做保障。②

9. 关于大数据国家治理的策略措施

周文彰指出，中国要从“数据大国”成为“数据强国”，借助大数据革命促进国家治理现代化，必须深入研究几个关键问题：一是重视对“数据主权”问题的研究；二是使“数据驱动发展”成为对冲当前经济下行压力的新动力；三是建设一个高质量的“大数据与国家治理实践案例库”。针对如何实施国家大数据战略部署和进行顶层设计，他提出，需要做到“四个结合”：把政府数据开放和市场基于数据的创新结合起来，把大数据与国家治理创新结合起来，把大数据

① 熊光清：《大数据技术的运用与政府治理能力的提升》，《当代世界与社会主义》2019 年第 2 期。

② 王山：《大数据时代中国政府治理能力建设与公共治理创新》，《求实》2017 年第 1 期。

与现代产业体系结合起来，把大数据与大众创业、万众创新结合起来。①

郭建锦、郭建平提出，为使大数据更好地服务于提升中国国家治理能力，需要做到以下几点：一是将大数据提升到国家战略高度，统一部署大数据发展规划。因为“部门化各地化的研究方式不符合大数据规律，应统一部署，多部门协同。”② 二是整合机构，建立大数据综合治理部门，立足全局规划大数据发展计划。三是开放公共数据，打造政府信息化航母，推进智慧城市建设。要开放除涉及国家安全和个人隐私以外的原始公共数据，实现跨部门、跨系统、跨地区数据共享与协同，将数据资源聚合成集地理信息库、专家库、案例库等于一体的数据云。四是加强政策引领和扶持，注重自主创新，营造良好的大数据产业生态环境。五是完善相关法律法规，构建对政府权力有效监督的制衡力量。③

刘叶婷、唐斯斯认为，国家治理尤其是政府治理要适应大数据时代的要求，必须把握好五个关键要素：一是要有开放的意识。开放意识的缺失，将使一个国家或政府在大数据时代处于“被淘汰”的境地。二是要有包容的心态，国家之间、政府之间、政府与公众之间都应该相互增强对大数据的包容度。三是要有科学的态度。在大数据时代，科学思考成为一种习惯，经验分析不再主导。四是要有关联的思考。在大数据时代，认识问题、分析问题、思考问题、解决问题都需要进行“关联”。五是要进行深度的分析。深入挖掘看似不相关的数据，找出数据间可能存在的规律。④

唐皇凤、陶建武指出，大数据时代的数据资源和技术资源广泛散布于政府—市场—社会三个子系统中，大数据服务于国家治理能力建

---

① 周文彰：《以大数据促进国家治理现代化》，《光明日报》2015 年 11 月 25 日。

② 郭建锦、郭建平：《大数据背景下的国家治理能力建设研究》，《中国行政管理》2015 年第 6 期。

③ 郭建锦、郭建平：《大数据背景下的国家治理能力建设研究》，《中国行政管理》2015 年第 6 期。

④ 刘叶婷、唐斯斯：《大数据对政府治理的影响及挑战》，《电子政务》2014 年第 6 期。

设的核心是正确处理好三者的关系，在构建多中心合作治理模式的过程中实现政府角色的现代转型。首先，执政党和政府主导是大数据时代国家治理能力现代化的关键。其次，市场运作是大数据时代国家治理能力现代化的必然要求。最后，社会和公民参与是大数据时代国家治理能力现代化的基本保证。①

胡洪彬指出，大数据时代的国家治理可谓三分靠运作，七分靠数据，得数据者得天下。要切实强化中国国家治理能力建设，促进国家治理体系和治理能力现代化，就必须积极推进治理主体对大数据技术的嵌入和应用。除了提出推进理念传播、完善相关机制、转变治理模式、强化技术开发、培育专业人才等常规策略外，他还特别强调，"对于国家治理主体而言，如何清晰把握大数据时代国家治理的特征和演化规律，构筑科学的国家治理大数据系统是自身占据主动和更好地践行为民服务的关键所在。"②

王向民认为，信息即权力，数据即力量，数据信息的分布决定着国家的治理结构。广泛分布于政府、企业、社会组织与个体之间的大数据，决定了国家或政府不再是治理结构的唯一主体，因而要逐渐形成适应大数据分布的平权性治理结构。第一，由国家独大的治理结构转向多元共治。大数据进一步赋权于市场组织与社会组织，使其分享原本由国家独占的治理权力，形成多元共治或多中心治理的国家治理结构。第二，由封闭性治理结构转向开放性结构。在大数据时代，国家治理结构将逐渐变得开放，市场组织与社会组织，甚至民众个体都将在国家治理结构中游走。第三，由官僚科层制转向扁平化结构。在大数据时代，横向分工合作与纵向科层制的生硬结构将被打破，政府内部的数据共享与共同决策将拉平部门鸿沟。他还强调指出大数据对国

---

① 唐皇凤、陶建武：《大数据时代的中国国家治理能力建设》，《探索与争鸣》2014年第10期。

② 胡洪彬：《大数据时代国家治理能力建设的双重境遇与破解之道》，《社会主义研究》2014年第4期。

家治理结构的最大影响在于赋权社会主体，由国家独大转向多元治理。①

王山认为，适应大数据时代的要求，要在思维意识、管理制度、技术创新、法律保障等多个层面采取有效举措，推进国家治理体系和治理能力现代化。一是通过宣传、培训等措施，切实使得国家治理主体树立起大数据治理的思维理念。二是通过建立健全多元共治机制、数据共享与开放机制、社会有效监督机制等举措，建构起整体性大数据治理机制。三是通过推进政学产研的协同运作，尽快建设大数据专业人才队伍，为运用大数据推进国家治理提供有力的人才支撑。四是通过建立健全相关法律法规，完善数据立法、数据安全维护，为将大数据运用于国家治理提供法律保障。五是通过强化道德规范建设、奖惩体系建设、行业自律建设等措施，改善大数据治理的软环境，使大数据充分发挥出推动国家治理现代化的积极作用。②

许珍认为，大数据时代的国家治理现代化提升必须按照整体性的视角进行构建，具体的措施主要有以下四项：第一，有效推进数据开放与共享，要从增强共识、完善制度、健全法律等方面推进实现数据的整体性治理，将其作为国家治理的重要组成部分。第二，有效推进多元主体协同治理，要从整体性的视角对政府、社会组织、社会公众等多元治理主体进行重塑，使其结束分化状态，共同致力于推进国家治理现代化。第三，有效推进治理力量的协调与整合，要推进实现政府横向及纵向部门的协调、政府与其他社会治理主体的协调、社会多元治理主体之间的协调，把这些治理力量有机整合成一个整体力量，推进国家治理现代化。第四，有效推进实现共同价值目标，要采取有效措施使得政府部门、社会多元主体充分发挥出积极性、自觉性，使其致力于实现共同的治理目标与追求。③

---

① 王向民：《大数据时代的国家治理转型》，《探索与争鸣》2014 年第 10 期。

② 王山：《大数据时代中国政府治理能力建设与公共治理创新》，《求实》2017 年第 1 期。

③ 许珍：《大数据时代国家治理能力现代化的构建路径——整体性治理的视角》，《广西社会科学》2017 年第 6 期。

杨贺认为，运用大数据推进国家治理现代化，首先要在思维方面进行转变，要通过顶层设计和制度创新以及加强公职人员培训等举措，树立起适应大数据时代要求的数据治理观念。其次要通过建立健全相关制度机制和法律法规，加强数据安全维护，防范因数据泄露而给国家治理带来的安全隐患。最后，要重视发挥大数据专业人才在国家治理中的重要作用，通过完善培训、选拔、使用等相关人才工作制度，使得大数据人才能够脱颖而出，为大数据国家治理提供重要支撑。①

此外，还有很多学者深入研究了数字政府的概念、意义特征等。比如，有的学者提出，数字政府是一种适应现代网络和信息技术发展要求的新型国家行政管理模式，是“工业时代的传统政府向信息时代演变产生的一种政府形态”②。在这种“业务数据化，数据业务化”的运作模式下，政府从内部运转到外部运行的施政行为全过程，都建立在数字化、信息化、网络化的技术支撑前提下，都体现出互通、共享和便利的显著特点。就其主要功能来讲，建设数字政府有利于形成“用数据对话、用数据决策、用数据服务、用数据创新”的现代化治理模式，不仅能够重塑政务运作的新理念、新机制，使政府部门可以更加精准地为社会公众提供优质管理服务，而且能够为社会多元主体共同参与公共治理提供新渠道、新平台，从而使得施政行为更加有利于维护人民群众利益和满足社会公众诉求。还有学者认为，建设数字政府，不仅能促使决策走向科学化、社会治理实现精准化、公共服务达到高效化，而且有利于推进政府治理实现民主化、廉洁化。③

（二）国外研究现状

关于大数据及大数据运用于国家治理问题，国外学界近十几年来

---

① 杨贺：《大数据背景下推进政府治理能力现代化问题研究》，《黑河学刊》2019 年第 2 期。

② 王伟玲：《加快实施数字政府战略：现实困境与破解路径》，《电子政务》2019 年第 12 期。

③ 周文彰：《数字政府和国家治理现代化》，《行政管理改革》2020 年第 2 期。

已经进行了比较深入的研究，其主要成果及观点可以归结为以下几个方面。

1. 关于大数据的概念内涵

大数据作为近年来兴起的新生事物，目前尚处在逐渐被认识和应用的初级阶段，无论是学界、政界还是IT行业对大数据都有各自的理解，因此很难对其进行精准的定义。大数据即大规模数据或海量数据，目前学界对其概念界定不一。根据国外学者的研究，比较一致的观点是将大数据定义为利用软件进行捕获、管理和处理的大数据集。如Manish Goyal等认为，大数据即“多形式、多来源和实时的且需要专业化软件工具和分析专家去挖掘、分析、处理和管理的大数据集合”①。Archak等则将大数据视为通过处理并带来高增长率的信息资产。②

2. 关于大数据的主要特点

大数据在诞生之初仅仅是一个IT行业内的技术术语，其主要的特征可以概括为“3V”：海量化数据（Volume）——数据体量巨大及规模完整性。多样化结构（Variety）——数据类型繁多。高速化处理（Velocity）——主要表现为数据流的处理速度快。尽管到目前为止学界还没有对大数据进行统一的明确定义，但大数据所具有的规模性（Volume）、多样性（Variety）、高速性（Velocity）特征却被广泛地认同和推崇。后来，在大数据“3V”特征基础上，全球著名的信息咨询机构——国际数据公司（IDC）发布的一份调查报告认为，大数据的第四个“V”特征为具有价值性（Value），尽管这种价值更多地表现在低价值度的碎片化数据中，如何挖掘这种价值正是大数据的关键所在。国际知名信息企业IBM则认为，大数据的第四个“V”特征为具有真实性（Veracity），真实性将促使人们利用数据融合和先进的

① Manish Goyal, Maryanne Q. Hancock and Homayoun Hatami, “Selling into Micromarkets”, *Harvard Business Review*, No. 7, 2012, pp. 1 -9.

② 转引自资武成《大数据时代企业生态系统的演化与建构》，《社会科学》2013年第12期。

数学方法进一步提升数据的质量，从而创造更高价值。

国际著名大数据专家维克托・迈尔－舍恩伯格和肯尼思・库克耶指出，大数据的特点主要可以概括为三点：更多，不是随机样本，而是全体数据；更杂，不是精确性而是混杂性；更好，不是因果关系，而是相关关系。[①]

2014 年，IBM 发布的一份调查报告进一步拓展了大数据的特征，提出了“Vs”的概念，认为在大数据已有特性的基础上，还具有用来衡量数据流之间关联性的数据黏度（Viscosity），衡量数据流变化率的数据易变性（Variability），表明数据有效性期限和存储期限的数据有效性（Volatility）。除此之外，还有学者将“1C”（Complexity）即分析处理的复杂性大作为大数据特征[②]；也有学者认为“1O”（Online）即在线的、随时能调用和计算的，是大数据区别于传统数据的最大特征，等等。

3. 关于数字治理及数字政府建设

20 世纪 80 年代以来，随着数字信息技术的逐渐兴起和受新公共管理运动的深刻影响，西方一些发达国家开始利用其电子信息技术优势推广电子政务服务。特别是进入互联网时代以后，西方各国更是将网络和信息技术深度与政务服务相结合，不断推进政务服务升级，逐渐开创了一个数字治理新时代。数字治理理论随着互联网信息技术的高速发展，在探索公共管理新的治理方式中应运而生。关于数字治理理论，英国学者帕特里克・邓利维做了较为系统的理论阐述，他从重新整合、以需求为基础的整体主义、数字化变革三个角度，深刻分析了数字治理理论，其中涉及部门整合与协同、数据开放与共享、政务流程再造、精准服务不同类型顾客等多个方面的重要内容。[③]

---

① ［英］维克托・迈尔－舍恩伯格、［美］肯尼思・库克耶：《大数据时代：生活、工作与思维的大变革》，盛杨燕等译，浙江人民出版社 2013 年版，第 2 页。

② 张春艳：《大数据时代的公共安全治理》，《国家行政学院学报》2014 年第 11 期。

③ Patrick Dunleavy, *Digital Era Governance: It Corporations, the State, and E-Government*, Oxford University Press, 2006, p. 229.

此外，还有很多学者就数字治理提出了一些比较有代表性的观点。有学者认为，数字治理的最重要目的就是为社会公众提供更加优质的政务服务，强调提供“更为整合的或无缝隙的公共服务”①。数字化改革与网络的逻辑是更加一体化，信息技术为行政过程的民主化和科学化提供了崭新的动力。随着云计算、大数据等技术的进一步发展，数字时代治理理论借助先进的信息技术能够在指导智慧城市实践、公共服务供给、促进社区整合能力以及创新公民参与形式等诸多方面发挥越来越重要的作用。② 有学者提出，数字治理不仅有利于推进政府施政行为的民主化和科学化，而且能够在智慧城市建设、推进公民政治参与、优化公共服务供给等方面发挥重要作用。③ 有学者则强调数据共享和共享在数字治理中的重要性，认为政府部门之间数据的互联互通是建设数字政府的关键问题④，建设数据开放的政府是数字政府治理理念的重要体现。⑤ “大数据战略，往往建立在开放政府数据的基础上。”⑥ 还有学者则强调数字信息技术的二重性，认为数字技术不仅仅是一种单纯物理意义上的客观技术，而且是一种被赋予社会意义的客观技术⑦，等等。

---

① C. Pollitt, “Joined-Up Government: A Survey”, *Political Studies Review*, 2003 (1): 34 - 39.

② R. G. Alonso, and S. L. Castro, “Technology Helps, People Make: A Smart City Governance Framework Grounded in Deliberative Democracy”, *Public Administration and Information Technology*, 2016. (11): 333 - 347.

③ R. G. Alonso, and S. L. Castro, “Technology Helps, People Make: A Smart City Governance Framework Grounded in Deliberative Democracy”, *Public Administration and Information Technology*, 2016 (11): 333 - 347.

④ T. M. Yang, L. Zheng, and T. Pardo, “The Boundaries of Information Sharing and Integration: A Case Study of Taiwan E-government”, *Government Information Quarterly*, 2012 (1): 51 - 60.

⑤ A. Vetrò, L. Canova, etc. , “Open Data Quality Measurement Framework: Definition and Application to Open Government Data”, *Government Information Quarterly*, 2016 (2): 325 - 337.

⑥ ［美］约翰·卡尔洛·柏妥：《美国大数据治理模式也面临不少新问题》，郑磊译，《东方早报》2014 年 5 月 20 日。

⑦ W. J. Orlikowski, “The Duality of Technology: Rethinking the Concept of Technology in Organizations”, *Organization Science*, 1992 (3): 398 - 427.

4. 关于将大数据运用于国家治理的质疑之声

埃戴产业控股公司董事长埃丝特·戴森（Esther Dyson）认为，大数据的个性化定制有悖公平，会引发社会政治难题，甚至有违社会伦理。比如，在教育领域，教师根据大数据个性化定制得到的学生潜能以区别对待这些学生，但如果这种做法帮助了某些孩子"发展潜能"，是否也会因此限制其他人的潜能?① 持相似观点的还有微软研究院首席研究员凯特·克劳福德。他认为，数据在生成或采集的过程中并不都是平等的，其使用通常恰恰就是为了实现一个目的——把不同的个体归入不同的群体中。这样原本等级森严的社会阶层将会分化得更加严重，社会不公正现象愈加明显，社会矛盾日趋激化。②

还有学者提出，大数据加大了数据治理、确保数据质量和访问控制方面的难度，因为它既涉及 IT 技术，又与业务部门密切相关，是一个复杂的系统工程。全球最大的信息咨询公司埃森哲（Accenture）的高级顾问 Michael 就曾说："共享整个企业的数据未必是件容易的事，很难让整个企业共同来解决这个问题。"③

（三）研究现状评析

综上所述，国内外学界对大数据国家治理问题已经进行了比较深入的研究。对于国外学者的相关研究，尽管由于受语言水平、资料搜集渠道、关注视野等局限，笔者很难全面、系统地分析其研究现状，但通过对可以查阅到并能产生一定认知的相关资料的研究，以及对一些经典译著的研读分析，还是对相关成果有了一些总体了解。毋庸讳言，无论从理论层面还是实践层面，国外尤其是美国等发达国家的大数据国家治理都走在了中国前面。就理论层面而言，对于大数据的概念认知、特点归纳、价值意义，中国学界的研究大都还是沿用了国外

① ［瑞士］埃丝特·戴森：《大数据利弊之辩》，《中国经济报告》2013 年第 6 期。

② ［美］凯特·克劳福德：《对大数据的再思考：对"大数据"的五大误解》，美国《外交政策》杂志网站，2013 年 5 月 9 日。

③ 沈建苗：《大数据应用：理想照进现实》，《计算机世界》2012 年 8 月 6 日。

学界的说法，确有真知灼见的创新性理论认识还不算太多。就实践层面来说，中国实施大数据国家治理战略也落后于美国等发达国家数年。因此，无论从理论还是从实践来说，中国开展大数据国家治理，以大数据促进国家治理现代化，仍然任重道远。

可喜的是，中国学界、政界等充分运用了后发优势以及中国的一些独特优势，在大数据国家治理的理论及实践方面已有所建树。尤其是在运用大数据完善国家治理体系、提升国家治理能力的策略路径方面，很多专家学者都提出了符合中国国情的独特见解，这必将为中国推进国家治理体系和治理能力现代化提供有力的智力支持。相比国外有关大数据国家治理的研究，中国学界的优势在于大数据的应用研究，这既与中国确立了推进国家治理现代化的大背景密切相关，又与中国学界受到官方的持续关注与大力支持息息相关。从实践来看，从2015 年 8 月国务院发布《促进大数据发展行动纲要》，到党的十八届五中全会确定了实施大数据国家战略的宏伟目标，中国大数据国家治理的思路已经确定，制度开始架构，大数据国家治理前景必然是一片光明。

综合分析国内外关于大数据国家治理的研究现状，特别是中国大数据国家治理的相关分析，尽管成果数量较为丰富，但大都是篇幅相对较小、内容有限的期刊、报纸文章。此类成果虽然也不乏理论亮点，但是系统性、整体性相对不足，有时难免会出现顾此失彼的情况。而要研究大数据时代的国家治理，研究怎样运用大数据促进中国国家治理现代化，笔者以为，这是一项系统理论工程，必须有全局的视野、系统的方法、整体的认识，否则可能会陷入“窥一斑而不见全豹”的境地，从而无法充分体现其对促进中国国家治理现代化的理论意义。当然，关于大数据视角下的中国国家治理，学界已有一些相关著作，但是一来数量还比较稀少，只有寥寥数本；二来其内容的理论性、系统性方面还有待进一步提高。由此，笔者以为，选取大数据视角下中国国家治理现代化研究作为论域十分必要和有价值。

三 研究内容、研究方法及创新之处

本书主要针对大数据视角下中国推进国家治理现代化的理论和实践发展状况，立足于对国内外已有相关研究成果的学习、吸收和借鉴，并充分结合自身的思考，通过系统研究和分析大数据国家治理的一系列理论问题，力争在已有研究的基础上推出新的理论成果、实现新的理论提升、达到新的理论高度，尤其是要总结提炼出大数据和国家治理现代化实现有机融合的现实路径，以期更好地为推进中国大数据国家治理提供一定的理论支撑和智力支持。

（一）研究内容

本书将以大数据视角下中国国家治理现代化为主要研究对象，研究在大数据时代背景下，事关中国国家治理现代化的若干重要理论问题和实践问题，如大数据有关理论的基本认知，对西方国家治理理论、马克思主义国家治理理论及中国社会主义国家治理理论的分析，大数据对中国国家治理现代化的重要价值，大数据时代中国国家治理现代化的发展现状、具体实践、存在问题及战略举措等。

本书研究的难点主要有：第一，已有研究成果还不太深入、系统，理论性、整体性还有所欠缺，对于大数据国家治理工作机制创新方面的研究还相对薄弱，可提供的学术参考和理论支撑相对不足，这使得本研究面临着较大困难。第二，本书重点关注大数据国家治理战略思路问题，对其中的价值取向问题，学界关注还比较少，可参考资料不多。关于其中的挑战、机遇、对策等问题，学界虽已有研究，但如何进行重新提炼、总结和超越，仍是难题。

本研究需要攻克的难关主要有以下几点：一是专业知识关。研究大数据国家治理，首先必须对大数据形成深刻认识，既要了解其技术属性，又要了解它的社会价值，尤其是要认识其技术属性，需要笔者作出更大的努力。二是语言学习关。大数据理论来源于国外，很多文献、资料都是外文，要想提高和深化对其理论认识，必须具备必要的外语研读能力，这对于笔者来说是一个不小的挑战。三是理论结合关。大数据和国家治理各有自身的理论体系，又彼此紧密联系，要想实现二者的有机结合，特别是将大数据技术嵌入提升国家治理现代化水平的研究中，并非易事。

（二）研究方法

1. 文献分析法

综合运用电子检索、文献查阅、资料汇总等手段，研究国内外学界、政界等关于大数据国家治理的理论及实践发展。尤其是着重研究学界有关学术成果，从中得到丰富素材，找出其理论精髓，形成思想脉络，并提炼出运用大数据提升国家治理现代化的科学理论，为本研究提供重要参考和文献支撑。

2. 系统分析法

运用大数据提升国家治理现代化水平是一项系统工程，包含了体制改革和创新、制度制定和执行等各方面内容，具有整体性、复杂性和艰巨性的显著特征。因此，必须从系统的角度出发，仔细分析各子系统内部及相互之间的关系，寻找出大数据运用于国家治理的系统性规律。

3. 比较分析法

通过国内视野的纵向比较、国际视野的横向比较，研究中国各地各级政府在国家治理方面运用大数据的经验启示，研究美国、英国、韩国等国政府运用大数据治理和决策的经验做法，比较其中的异同，从而形成规律性的理论认识，总结提炼出适应中国实际的大数据治理理论。

4. 案例分析法

精选国内外一些运用大数据治理的典型案例，尤其是对中国广东、上海、贵州、浙江、江苏等一些大数据治理开展得比较早、比较好的地区展开调研，分析其大数据促进国家治理的先进理念、经验和做法，为使用大数据提升国家治理现代化水平提供实践参考。

（三）创新之处

1. 学术思想方面的创新

系统分析大数据国家治理的理论和实践问题，使研究成果更具有时代感、现实感。大数据国家治理还是一个新课题，还有待于进一步深化研究，学界对其进行的系统性、整体性、针对性研究还有所欠缺，这为本研究提供了最大的创新空间。

2. 学术观点的创新

针对如何运用大数据促进国家治理现代化提出了一些创新性观点。比如，从决策依据、决策时效、决策方法、决策主体四个方面分析了大数据促进国家治理决策的内在逻辑，形成了一些具有独创性的见解，等等。

3. 研究方法的创新

大数据国家治理是一项涉及面广、情况复杂的系统工程，具有自然科学和社会科学相交叉、相融合的显著特点，必须综合运用政治学、管理学、信息学等多学科的理论与方法加以研究，本研究在这方面有所创新。

第一章　国家治理、国家治理现代化理论概述

研究大数据视角下的中国国家治理现代化，首先必须深入了解国家治理的相关理论，奠定本书研究的理论基础。这就有必要在厘清治理、国家治理、国家治理现代化等基本概念的基础上，对国家治理的起源和发展进行深入分析。

一　国家治理相关概念及理论发展

从某种意义上说，国家治理与国家的诞生是同步的，并且其理论是随着国家的发展而不断发展的。一个国家从诞生之日起，就有了治理需求，尽管这种治理更多地意味着统治和管理。

（一）治理、国家治理和国家治理现代化的内涵

治理，就其字面意思来说，就是“治国理政”的简称。关于治理（governance）的概念，学术界有很多不同的观点，有的学者以为，治理作为人类的一种基本政治活动，自国家产生以来就已经存在于古今中外的国家运作之中。有的学者则以为治理是一种现代政治概念，是发源于西方现代社会政治文明，后来又逐渐传入中国的一种现代国家政治运作方式。然而，作为现代文明视角下政治学的一个重要概念，它是以“管理”的存在为基本前提的，或者可以理解为是“管理”的升级版和现代版。

在西方社会，早在古希腊时期就已经有人提及“治理”这一概念，它源于“steering”一词，本义是引领、控制和操纵，经常被用来形容国家在一定领域内行使权威的行为。在中世纪的欧洲，治理一般被视作与“统治”同义，主要指的是掌握国家权力者对社会各阶层的统治行为。“治理一词在英语国家作为日常用语的时间已经有数百年，意为特定范围内行使权威，针对范围广泛的组织活动。”①

现代政治学上的“治理”概念，诞生于20世纪80年代末90年代初期，其标志性事件就是世界银行在1989年发表的一篇题为“撒哈拉以南非洲：从危机到可持续增长”的报告中，首先使用了“治理危机”（governance crisis）的新提法。从此以后，有关“治理”的理论研究逐渐引起学界重视，特别是被广泛应用于政治学和管理学等社会学科领域。

关于国家治理概念，可以从两个角度来分析。一方面，可以理解为是国家的治理。在这个语境中，国家是治理的对象和客体，主体则是以执政党、政府管理部门为主导力量，同时还包括社会组织和个人等在内的其他多元化主体。另一方面，可以理解为是国家进行治理。在这个语境下，国家不再是治理的客体和对象，而是成为治理的主体，并且是包含执政党、政府、社会组织及个人等在内的多元化主体。由此可见，无论从哪个角度来分析，国家治理在根本上都是与传统的统治和管理有区别的，其治理目标都是要达到一种多元共治的善治局面。

而国家治理现代化，则是在中国特色话语体系语境下的一个创新概念。它主要包括国家治理体系现代化和国家治理能力现代化两项基本内容，前者指的是符合现代政治文明逻辑的健全、完善的国家治理制度体系，后者则是党政机关及其工作人员和其他治理主体（包括其他社会组织及个人等）所具有的能够有效运用这些制度服务国家和社会发展需求、服务公众需求的综合能力，也可看作一种高效的制

① 俞可平：《治理与善治》，社会科学文献出版社2000年版，第16页。

度执行力。从内在逻辑上看，二者是相辅相成、相得益彰的，有机统一于国家治理的全过程。

国家治理现代化，可视为是国家治理体系现代化和国家治理现代化的简称。国家治理体系现代化，主要是指整个国家治理的制度体系要适应现代文明发展要求，实现运行程序的合法化、规范化。国家治理能力现代化，就是管制型政府、封闭型政府要向服务型政府、开放型政府转变，就是国家治理者要善于运用法治思维和制度体系治理国家，使权力在阳光下运行，在制度框架内运行。国家治理体系现代化和治理能力现代化是密不可分、互为关联的有机统一体。二者既互为条件和前提，又相辅相成、相得益彰。只有国家治理体系制度健全、运行规范，才能为国家治理能力的提高提供重要保障，而治理主体的能力得到有效提高，才能充分发挥制度体系的效能，推进治理行为取得更好效果。

（二）国家治理现代化理论的形成和发展

20 世纪 80 年代末以来，治理理论逐渐在英美等西方国家兴起，从概念的提出到理论框架的建构，再到内容的不断丰富，西方治理理论慢慢发展成为一种系统化的成熟理论，并被广泛应用于西方各国国家治理实践。

经过几十年的发展，现代国家治理理论已经形成了不同的思想流派，比如公共治理、民主治理、多元治理、协同治理、整体治理、数字治理等。从其理论内容来看，它大体经历了以下发展过程：先是提出了治理与统治的不同，使得“治理”与传统“统治”意义上的管理区别开来；然后是强调治理要以公众为中心、治理要深入贯彻法治精神、治理要讲求体制机制创新以及治理要注重整体性、协同性、主体多元性等；再后是随着大数据、云计算、区块链、人工智能等网络信息技术的飞速发展，数字治理理论越来越普遍地被应用到国家治理实践当中，并逐渐实现了与重视公共服务、重视法治精神、重视整体协同、重视主体多元等现代国家治理理念的有机结合，特别是发达国家和地区重视运用数据治理已经成为国家治理实践的鲜明特征。

现代国家治理理论虽然经历了几个不同的发展阶段，形成了不同的思想流派，其思想内容各异，但是核心观点主要有以下几个方面。

第一，现代国家治理不是“统治”式的管理，而是“服务”式的管理。“治理从头起便须区别于传统的政府统治概念。”①治理是政府组织及其衍生的社会民间组织在其职权范围内管理社会政治事务、维护社会公共秩序及满足公众需要的政治活动行为。“它是一种持续的过程，在这一过程中，不同利益者和冲突者的矛盾得以调和并能够联合起来共同行动。”②从政府组织的层面来看，现代国家治理建立在处理公共事务的行政机制基础之上，要求政府在执行管理职能的同时强化服务职能，注重发挥公众主体的基础性作用，力图实现多元主体的参与、互动和合作，从单纯重视政府作用向社会多元主体共治转变。

第二，法治是现代国家治理的基本方式。凸显国家治理权威性和公信力的法治化水平的高低，在某种程度上决定着国家治理成效的高低。合法性是西方现代治理思想的普遍主张。“掌权当局必须由公众认可其具有合法地位，才有可能长期有效地行使权力。”③如果治理行为缺乏合法性，那么政府的公信力就会大大降低，社会公众就不会对政府行为抱有信心，更谈不上拥护和支持政府的变革和创新了。因此，治理要求把依法治国作为国家的基本方略，在法律约束的前提下，权力主体实施职能、权利主体行使权利。从维护民众公共利益的角度来看，法治化意味着“权力”本位到“权利”本位的转化。因为只有法律法规才可以有效地为公权力的运行提供制度框架，同时可以有效地保障公民在国家治理过程中充分实现公民权利。

---

① ［法］让·彼埃尔·戈丹：《现代的治理，昨天和今天：借重法国政府政策得以明确的几点认识》，陈思译，《国际社会科学》（中文版）1999 年第 2 期。

② 全球治理委员会：《我们的全球伙伴关系》，牛津大学出版社 1995 年版，第 23 页。

③ ［英］格里·斯托克：《作为理论的治理：五个观点》，华夏风译，《国际社会科学》（中文版）1999 年第 2 期。

第三，民主是现代国家治理的本质特征。国家治理中要注重民主，已经成为西方现代国家治理的核心观点之一，西方学界普遍都认为，民主是现代国家治理体系的重要构成，其内容主要表现为责任、参与以及权力的制衡，越来越被证明在制止暴力冲突，提高社会经济福利两个方面都是非常有效的。[①] 民主反映在国家治理层面即“人民当家作主”，集中体现在合理有效的诉求表达机制方面。其一，民主有助于提供充分的沟通渠道和机会，使所有利益群体都能拥有话语权，引导更多的公民关注涉及公共利益和个人利益的问题。其二，民主有助于实现公共利益最大化、提高决策的正当性和公信力，这样政府决策的价值取向才会更多地倾向于维护公共利益。其三，民主有助于维护不同群体的共同利益，使得在现代社会公共需求越来越分散化、多元化的情况下，既能确保主流公共利益，又能倾听不同的利益诉求，维护不同群体合法合理的利益追求。

第四，主体多元化是现代国家治理的必然要求。美国政治学家詹姆斯·罗西瑙就曾提出：“与统治不同，治理指的是一种由共同的目标支持的活动，这些管理活动的主体未必是政府，也无须依靠国家的强制力量来实现。”[②] 现代国家治理强调社会力量的参与，充分发挥公民参与和社会组织的作用。这就要求治理主体由一元到多元，实现多个主体相辅相成、相互监督、相互促进，在多元主体的互动和交流合作中，形成认同和信任关系，提高协同治理效能。现代国家治理除了要充分发挥政府组织的主体作用外，还要重视发挥公民和社会组织的主体作用。公民参与是现代国家治理的重要基础。没有公众的参与，人民当家作主便只是一句空话。公民参与治理的内涵是表达自己的利益取向，对公共事务或公共问题的解决和公共政策的制定产生一定的影响，实现公共事务的共同治理。只有充分发挥人民群众的参与性，才能将公众的利益诉求反映和落实到具体政策上来。

---

① Mark Malloch Brown.，“Democratic Governance：Toward a Framework for Sustainable Peace”，*Global Governance*，Vol. 9，No. 2，2003，p. 145.

② 转引自俞可平《治理和善治引论》，《马克思主义与现实》1999 年第 5 期。

第五，公众参与是一个持续的实践过程。西方现代治理思想各流派虽然主张各异，但是大都认为国家治理离不开社会公众的积极参与。他们大都鼓励“小政府、大社会”的治理模式，推崇社会公众积极参与，“主张小政府，更直接的公民参与”①。他们强调社会公众要积极参与，不仅仅是发挥合作作用，更要发挥主体作用。在此种情况下，公众就要具备较高的文化素养，不仅在国家治理方面表达其物质诉求，传达其以生存为取向的、传统的价值观，而且要强调自我表现和社会理性，表达其精神诉求。② 在这个实践过程中，公众既可以个人身份直接参与，也可加入符合个人意愿与利益的社会组织，以组织成员身份参与公共事务治理。社会组织的发展程度对公民参与性及社会治理水平产生着直接的影响。社会组织既可以为连接单个社会成员和国家治理体制搭建平台，又可以有效促进社会成员个人和社会治理的发展。社会组织参与社会治理，可以增进社会公众的公共交流，调节利益冲突，增强政府决策的包容性和全面性。

第六，方式多样化是现代国家治理的突出特点。在国家治理中，除了政府的传统管理方式方法外，还存在着其他方法、技术。“办好事情的能力并不在于政府下命令或运用其权威的权力。政府可以动用新的工具和技术来掌舵和指引。”③ 治理向法治化、民主化和参与主体多元化转化，治理方式也随之发生变化。一方面，传统行政管理方式侧重“我说你听”“我管你从”，呈现出的是带有集权化、层级化和官僚化的运作模式。这种垂直型单向度运作的管理体制效率低下，不适应现代国家治理要求。而单纯的行政管理模式向重视社会协同和公众参与的治理模式的转变，也必然会推动治理方式实现自上而下与自下而上相结合的互动式转变。另一方面，信息科技革命的持续演进

---

① ［美］格乔治·弗雷德里克森：《公共行政的精神》，张成福等译，中国人民大学出版社 2004 年版，第 39 页。

② Ronald Inglehart and Christian Welzel, *Modernization*, *Cultural Change and Democracy*, New York: Cambridge University Press, 2005, p. 64.

③ ［英］格里·斯托克：《作为理论的治理：五个观点》，华夏风译，《国际社会科学》（中文版）1999 年第 2 期。

也使得治理方式发生了极大变化。互联网、大数据、云计算、区块链、人工智能等信息技术的发展，在现实空间之外创造了一个虚拟的网络空间，在为公众行使言论自由权利和维护自身利益提供载体平台的同时，也使得网络治理成为这种新公共领域的新治理方式。

二 马克思主义经典作家关于国家治理的思想

由于时代的局限性，马克思、恩格斯、列宁等马克思主义经典作家并没有形成现代意义上的国家治理思想，但是他们在其经典著作中都有一些相关论述，对其进行梳理和归纳，会发现他们实际上已经在这个问题上有了很多深入思考，为社会主义国家治理思想的形成奠定了良好的理论基础。

（一）马克思、恩格斯为无产阶级国家治理奠定了思想基础

翻阅马克思、恩格斯著作，他们并没有在哪一部当中专门论述国家治理理论，但是在《共产党宣言》《哥达纲领批判》《法兰西内战》《家庭、私有制和国家的起源》等著作当中，他们论述了很多有关无产阶级专政的国家理论，其中蕴含了很多关于无产阶级专政下的国家治理思想，包括国家治理的一些基本原则、价值旨归、运行方式等，这些内容构成了马克思恩格斯无产阶级专政下的国家治理理论。其核心内容可以概括如下。

其一，坚持无产阶级政党——共产党的领导地位。尽管在马克思、恩格斯生活的时代并没有任何一个国家取得了无产阶级革命的胜利，也没有任何一个无产阶级政党成为执政党，但是从马克思主义诞生伊始，马克思、恩格斯就一直主张无产阶级专政下的国家必须是由无产阶级政党——共产党来领导。在他们的首部经典著作《共产党宣言》中，他们就对共产党的性质、宗旨、纲领等基本问题进行了较为详细的阐述，为无产阶级政党领导下的国家政党治理奠定了必要的理论基础。关于共产党的奋斗目标，他们在宣言中明确指出："共

产党人的最近目的是和其他一切无产阶级政党的最近目的一样的：使无产阶级形成为阶级，推翻资产阶级的统治，由无产阶级夺取政权。”① 这显然是隐含了无产阶级革命的领导力量是共产党，而革命胜利之后建立的无产阶级专政国家的领导力量也当然必定是共产党，这可以说是马克思恩格斯国家治理和政党理论思想的一条根本原则。

其二，奉行“议行合一”的运作模式。马克思、恩格斯认为，无产阶级政党领导下的国家政权实行人民民主，它与包括资本主义社会在内的一切阶级社会的民主根本不同，不再是占统治地位的阶级对被统治阶级实施统治和压迫的虚假民主，而是为了维护全体劳动人民共同利益的广泛而真实的民主。这种民主就其范围来讲是占社会绝大多数的人民内部的民主，对于少数那些反对社会主义、反抗人民大众、抵制甚至是意图破坏无产阶级国家政权的个人和势力来说，就不再是民主，而是专政。据此，马克思恩格斯对资本主义社会国家“三权分立”“议会制”等所谓民主形式进行了针对性批判，并在此基础上提出了无产阶级国家政权建立后应实行无产阶级民主制，其组织形式应遵循“议行合一”原则。在分析巴黎公社运动时，马克思就鲜明地提出了这种观点：“公社必须由各区全民投票选出的市政委员组成（因为巴黎是公社的首倡者和楷模，我们应引为范例），这些市政委员对选民负责，随时可以罢免。其中大多数自然会是工人，或者是公认的工人阶级代表。它不应当是议会式的，而应当是同时兼管行政和立法的工作机关。”② 在提出无产阶级政权民主实现形式的同时，也对资本主义国家三权分立原则进行了直接否定。

其三，民主和权威要有机统一起来。马克思、恩格斯认为，无产阶级政权要生存和发展下去，既要充分发扬民主，也要重视树立权威。在分析巴黎公社的经验和教训时，他们认真反思了无产阶级政权的国家治理方式，提出为了确保人民成为社会的主人，必须保证人民

① 《马克思恩格斯选集》第1卷，人民出版社2012年版，第413页。
② 《马克思恩格斯选集》第3卷，人民出版社2012年版，第167页。

群众的普选权，使得所有公职人员都必须是由人民群众选举产生，同时还要充分保证人民群众对这些公职人员享有监督和罢免权利，确保公职人员能够按照人民意愿随时可以撤职或更换。他们还明确提出，无产阶级政党作为领导核心，必须树立高度的领导权威才能确保政权运作有序，才能杜绝党内自由散漫和各行其是之风盛行，才能使得党充满活力和坚强有力。对于巴黎公社运动的失败教训，恩格斯就曾明确指出："巴黎公社遭到灭亡，就是由于缺乏集中和权威。"①

其四，以实现人的自由全面发展为价值目标。马克思、恩格斯认为，实现人的自由全面发展，是人类社会发展的重要价值目标，也是人类社会进入社会主义社会阶段乃至共产主义社会阶段以后的根本特征之一。在《共产党宣言》中，马克思、恩格斯是这样描述未来社会主义和共产主义的："代替那存在着阶级和阶级对立的资产阶级旧社会的，将是这样一个联合体，在那里，每个人的自由发展是一切人的自由发展的条件。"② 由此可见，无产阶级专政下的社会主义国家治理一定是维护全人类共同利益的，而不像资本主义社会国家是以牺牲一部分人（被统治阶级）利益为代价去维护另一部分人（统治阶级）利益。这与马克思、恩格斯一贯提倡要消灭私有制建立公有制的观点也是相吻合的。根据马克思、恩格斯的观点，随着人类社会的不断发展，当真正到了实现共产主义的时候，阶级将不复存在，国家作为阶级统治的工具也将逐渐消亡，所有成员的个性、人格、创造力等都能得到最大限度的彰显，都是自由全面发展的人，整个社会的公共治理就是"自由人"的联合体在共同维护社会秩序、推进社会不断发展。正如恩格斯所描述的那样："对人的统治将由对物的管理和对生产过程的领导所代替。国家不是'被废除'的，它是自行消亡的。"③

① 《马克思恩格斯选集》第4卷，人民出版社2012年版，第500页。
② 《马克思恩格斯选集》第1卷，人民出版社2012年版，第422页。
③ 《马克思恩格斯选集》第3卷，人民出版社2012年版，第668页。

（二）列宁为无产阶级国家治理提供了实践经验

列宁作为继马克思、恩格斯之后的又一位伟大的无产阶级革命家和理论家，在继承马克思、恩格斯国家治理理论的基础上，又不断丰富和发展了社会主义国家治理理论，其思想要点可以归结如下：

其一，人民是国家治理的主体。列宁认为，无产阶级国家政权建立以后，处于国家治理主体地位和享有最高国家治理权利的是广大劳动人民。关于无产阶级革命胜利以后苏维埃政权下的俄国如何治理问题，他曾经明确强调："对我们来说，重要的就是普遍吸收所有的劳动者来管理国家"①，因为人民的力量无穷无尽，人民的情感生气勃勃。国家治理"不仅仅需要民主形式的代表机构，而且需要建立由群众自己从下面来全面管理国家的制度，让群众有效地参加各方面的生活，让群众在管理国家中起积极的作用"②。由此可见，列宁是非常重视维护劳动人民国家治理主体地位的，也是非常重视发挥劳动人民在国家治理当中的积极作用的。

其二，民主集中制原则。在国家治理权力运作方式上，列宁继承了马克思、恩格斯关于民主和权威相统一的思想，并在此基础上进一步创造性提出了民主集中制这一沿用至今的无产阶级政党的组织原则和国家治理的根本原则。早在 1906 年 4—5 月召开的俄国社会民主工党第四次（统一）代表大会通过的党章中，列宁就提议加入了关于民主集中制的内容，此次会议通过的《组织章程》第二条明确规定："党的一切组织是按民主集中制原则建立起来的。"③ 这是无产阶级政党的党章首次确立民主集中制原则，并且作为一项基本原则被普遍写入了以后成立的各国无产阶级政党的党章中。

其三，着力提升人民生活福祉。"十月革命"胜利以后，为了巩

① 《列宁选集》第 3 卷，人民出版社 2012 年版，第 464 页。
② 《列宁全集》第 29 卷，人民出版社 1985 年版，第 287 页。
③ 何宝骥：《世界社会主义思想通鉴》，人民出版社 1996 年版，第 369 页。

固革命胜利成果，保卫无产阶级新生政权，苏俄实施了“战时共产主义”政策，对于有效挫败苏俄国内外反动势力企图颠覆无产阶级革命政权的图谋发挥了重要作用。但是，在这之后，苏俄进入了社会主义建设时期，“战时共产主义”的“余粮收集制”“劳动义务制”“经济关系实物化”等政策就不再与当时民众福祉要求相符和。列宁意识到了这个问题，及时推出了适应民众需求的“新经济政策”，通过用“粮食税”取代“余粮收集制”、允许多种经济成分并存与发展、允许自由经商和贸易、发展国家资本主义等措施，有效改善了民众生活和推进了社会经济发展，为社会主义国家治理留下了宝贵的经验和启示。

三 中国社会主义国家治理思想的演进

新中国成立以后，特别是改革开放以来，历届党中央领导集体在继承马克思主义国家治理基本理论的基础上，结合中国国情和社会主义实践，创造性地发展了社会主义国家治理理论。

（一）新中国成立后国家治理思想的探索初成

毛泽东国家治理思想，主要指的是从1949年新中国成立至1976年毛泽东逝世这一段时间他作为国家主要领导人，通过党的领导体系和社会主义制度体系治理国家的一系列思想。毛泽东国家治理思想内容丰富、体系完整，在经济、政治、文化、社会、生态等各个领域都有一些创新性的观点和理论新发展。

在经济治理方面，面对新中国成立后国家迫切需要由农业大国向工业大国转变的时代要求，毛泽东明确提出了建设社会主义工业化强国的目标，他在讲话当中多次强调，要“把我国建设成为一个伟大的社会主义工业化的国家”①。鉴于苏联过于注重发展重工业的深刻

① 《毛泽东文集》第7卷，人民出版社1999年版，第117页。

教训，毛泽东提出了重工业要和轻工业以及农业协调发展的明确观点，提出："我国的经济建设是以重工业为中心，这一点必须肯定。但是同时必须充分注意发展农业和轻工业。"① 在经济治理方面，毛泽东还提出了国民经济要实现综合平衡发展的重要观点，提出"社会主义经济发展过程中，经常出现不按比例、不平衡的情况，要求我们按比例和综合平衡"②。更为难能可贵的是，毛泽东还较早认识到了科技在推动经济发展中的重要作用，向全国人民提出了"向科学进军"的伟大号召，并且强调了"我们不能走世界各国技术发展的老路，跟在别人后面一步一步地爬行。我们必须打破常规，尽量采用先进技术，在一个不太长的历史时期内，把我国建设成为一个社会主义的现代化的强国"③。此外，他还开创性地提出了发展非公有制经济和商品经济的观点。比如，他在一次谈话中就曾经明确提出："最好开私营工厂……可以开私营大厂……华侨投资的，二十年、一百年不要没收。可以开投资公司，还本付息。可搞国营，也可搞私营。可以消灭了资本主义，又搞资本主义。"④ 这些重要思想和观点，时至今日仍然有着深刻的启示价值。

在政治治理方面，毛泽东的主要贡献在于，奠定了国家治理的很多根本制度和基本制度。早在新中国成立前夕，毛泽东就已经明确强调了我们的政权性质是人民民主专政，认为："总结我们的经验，集中到一点，就是工人阶级（经过共产党）领导的以工农联盟为基础的人民民主专政。这是我们的主要公式、主要经验、主要纲领。"⑤ 毛泽东还是全国人民代表大会制度的主要创始人。他早在 1940 年 1 月发表的《新民主主义论》中就已经明确提出，中国"可以采取全国人民代表大会、省人民代表大会、县人民代表大会、区人民代表大

① 《毛泽东文集》第 7 卷，人民出版社 1999 年版，第 241 页。
② 《毛泽东文集》第 8 卷，人民出版社 1999 年版，第 119—120 页。
③ 《毛泽东文集》第 8 卷，人民出版社 1999 年版，第 341 页。
④ 《毛泽东文集》第 7 卷，人民出版社 1999 年版，第 170 页。
⑤ 《毛泽东选集》第 4 卷，人民出版社 1991 年版，第 1480 页。

会直到乡人民代表大会的系统，并由各级代表大会选举政府”[①]。1948 年 9 月，毛泽东在中央政治局会议上所作的报告中又重点阐述了“建立民主集中制的各级人民代表会议制度问题”[②]，为以后正式确立人民代表大会制度的政体地位奠定了重要基础。关于党的领导体制，毛泽东提出了要实行集体领导和个人负责相结合的民主集中制原则，提出“我们的目标，是想造成一个又有集中又有民主，又有纪律又有自由，又有统一意志、又有个人心情舒畅、生动活泼，那样一种政治局面”[③]。毛泽东还创造性地发展了马克思主义统一战线学说，把中国共产党领导的多党合作和政治协商制度作为一项基本制度予以确立，指出“我党同党外民主人士长期合作的政策，必须在全党思想上和工作上确定下来”[④]。此外，毛泽东还高度重视多民族共同发展问题，主导创立了民族区域自治制度。所有这一切都为中国国家治理提供了必要的政治前提和制度基础。

在文化治理方面，毛泽东同样作出了很多重要阐述，提出了社会主义文化要为人民服务的原则，提出了要建立中华民族的新文化，以及提出了新中国文化工作的指导方针。文化要服务于人民大众是毛泽东文化治理思想中的核心理念。早在 1942 年 5 月延安文艺座谈会的讲话中，毛泽东就曾经明确指出：“我们是站在无产阶级的和人民大众的立场。”[⑤] 新中国成立以后，他提出了建立中华民族的新文化的重要任务，强调“我们不但要把一个政治上受压迫、经济上受剥削的中国，变为一个政治上自由和经济上繁荣的中国，而且要把一个被旧文化统治因而愚昧落后的中国，变为一个被新文化统治因而文明先进的中国。”[⑥]“百花齐放，百家争鸣”文化工作的指导方针也是在毛泽东倡导和主导下确立的，他最早解释了这个指导方针的基本内涵：

① 《十六大以来重要文献选编》（中），中央文献出版社 2006 年版，第 220 页。
② 《毛泽东文集》第 5 卷，人民出版社 1996 年版，第 136 页。
③ 《毛泽东年谱（一九四九——一九七六）》第 3 卷，中央文献出版社 2013 年版，第 192 页。
④ 《毛泽东选集》第 4 卷，人民出版社 1991 年版，第 1437 页。
⑤ 《毛泽东选集》第 3 卷，人民出版社 1991 年版，第 848 页。
⑥ 《毛泽东选集》第 2 卷，人民出版社 1991 年版，第 663 页。

“在中华人民共和国宪法范围之内，各种学术思想，正确的、错误的、让他们去说，不去干涉他们。”① “古为今用、洋为中用” 也是毛泽东文化治理思想的重要观点。对于中国传统文化遗产，毛泽东认为“应当充分地利用，批判地利用”②，“剔除其封建性的糟粕，吸收其民主性的精华”③。对于西方文化，毛泽东也是抱着科学态度的，指出要进行必要的学习和借鉴，但同时又明确强调：“学习的时候用脑筋想一下，学那些和我国情况相适合的东西，即吸取对我们有益的经验，我们需要的是这样一种态度。”④ 以上这些原则、观点和方针，仍然适用于中国特色社会主义文化建设，仍然对当前提高文化治理水平具有重要指导意义。

此外，在社会治理和生态治理方面，毛泽东也根据中国的国情提出了很多具有重要指导价值的思想和观点。比如，在促进社会公平方面，毛泽东不但提倡在社会各个阶层实现平等，推进建立劳动平等关系，推进实现干群平等，而且大力提倡实现男女平等。特别是在妇女参政议政方面，毛泽东提出要大幅提高女性比例。他认为：“中国的妇女是一种伟大的人力资源。必须发掘这种资源，为了建设一个伟大的社会主义国家而奋斗。要发动妇女参加社会劳动，必须实行男女同工同酬的原则。”⑤ 他曾经指出：“全国人民代表大会工作的妇女毕竟也在少数。妇女的权利在宪法中虽有规定，但是还需要努力执行才能全部实现。我们全国人民代表大会中女同志占百分之十二……将来女同志的比例至少要和男同志一样，各占百分之五十，超过了男同志也没有坏处。”⑥ 在生态治理方面，毛泽东也提出了一些指导性很强的重要观点，比如提倡植树造林、绿化祖国，重视维修水利、保持水土等。在 1958 年中央召开的北戴河会议上，毛泽东就曾经这样作出指

---

① 《毛泽东文艺论集》，人民出版社 2002 年版，第 144 页。
② 《毛泽东文集》第 8 卷，人民出版社 1999 年版，第 225 页。
③ 《毛泽东选集》第 2 卷，人民出版社 1991 年版，第 707 页。
④ 《毛泽东文集》第 7 卷，人民出版社 1999 年版，第 242 页。
⑤ 《毛泽东文集》第 6 卷，人民出版社 1999 年版，第 458 页。
⑥ 《毛泽东年谱（一九四九——一九七六）》第 3 卷，中央文献出版社 2013 年版，第 10 页。

示："几年之后，亩产量提得很高了，不需要那么多土地面积了，土地的概念改变了，可以拿三分之一种树，三分之一种粮，三分之一休息。"① 毛泽东的这些思想和观点对于今天我们推进社会治理和生态治理，仍然具有重要的参考价值和启示意义。

（二）改革开放新时期国家治理思想的创新发展

党的十一届三中全会召开以后，邓小平成为党的领导核心，并且是我们国家推进改革开放的总设计师。针对新时期新形势新任务，邓小平对中国社会主义建设艰辛探索时期的成败得失进行了深刻反思，对中国进入改革开放新时期以后如何推进社会主义国家治理进行了科学谋划，在经济、政治、文化、社会、生态和党的建设等国家治理的各个领域都形成了内容丰富的治理理论。

在经济治理方面，邓小平最大的贡献在于提出了市场经济和社会主义是可以有机结合在一起的，并进而指导确立了中国特色社会主义市场经济体制，这可谓是邓小平经济治理思想的核心内容。1992 年初，邓小平在"南方谈话"中明确阐述了计划和市场都只是推动经济发展的手段，"计划多一点还是市场多一点，不是社会主义与资本主义的本质区别"②。社会主义市场经济理论的提出和中国特色社会主义市场经济体制的确立，实际上是肯定了市场对于经济发展的决定性作用，同时也着重强调了价值规律的重要性，这就是邓小平所反复强调的："我们要按价值规律办事，按经济规律办事。"③ 邓小平在经济治理上的另一大重要贡献是提出了改革开放的伟大战略。他认为，中国进行社会主义建设要有开放性眼光，要着眼于国际国内两个市场，"建设一个国家，不要把自己置于封闭状态和孤立地位。要重视

① 中共中央文献研究室、国家林业局：《毛泽东论林业》（新编本），中央文献出版社 2003 年版，第 52 页。

② 《邓小平文选》第 3 卷，人民出版社 1993 年版，第 373 页。

③ 《邓小平文选》第 3 卷，人民出版社 1993 年版，第 130 页。

广泛的国际交往。”① 另外，他还针对改革开放后中国各种经济成分的出现，提出了坚持公有制为主体的重要观点，指出：“我们采取的所有开放、搞活、改革等方面的政策，目的都是为了发展社会主义经济……始终以社会主义公有制为主体。”②

在政治治理方面，在充分反思“文化大革命”时期权力过分集中和“左”的深刻教训的基础上，邓小平提出了一系列改革党和国家领导制度的重要思想和观点。一是提出了党政要分开的观点。针对如何改革，他深刻地指出：“改革的内容，首先是党政要分开，解决党如何善于领导的问题。”③ 关于党政不分的弊端，他强调指出：“党的一元化领导，往往因此而变成了个人领导……权力过分集中于个人或少数人手里……必然要损害各级党和政府的民主生活、集体领导、民主集中制、个人分工负责等等。”④“改善党和国家领导制度及其他制度，是为了充分发挥社会主义制度的优越性，加速现代化建设事业的发展。”⑤ 二是强调要加强民主和法制建设。他把民主和法制比作互相配合的两只手，指出“民主和法制，这两个方面都应该加强。过去我们都不足。要加强民主就要加强法制。没有广泛的民主是不行的，没有健全的法制也是不行的”⑥。三是提出了权力要下放和机构要精简。在实行改革开放以后，针对权力过分集中于上层，下面运行机制不活、行政效率低下的问题，他作出了放权于地方和精简机构的指示，明确提出：“权力要下放，解决中央和地方的关系，同时地方各级也都有一个权力下放问题。”⑦

在文化治理方面，鉴于对“文化大革命”的反思以及对国际发展形势的科学把握，邓小平充分认识到了科技、教育、人才等因素对

① 《邓小平文选》第3卷，人民出版社1993年版，第260页。
② 《邓小平文选》第3卷，人民出版社1993年版，第110页。
③ 《邓小平文选》第3卷，人民出版社1993年版，第177页。
④ 《邓小平文选》第2卷，人民出版社1994年版，第329页。
⑤ 《邓小平文选》第2卷，人民出版社1994年版，第322页。
⑥ 《邓小平文选》第2卷，人民出版社1994年版，第189页。
⑦ 《邓小平文选》第3卷，人民出版社1993年版，第177页。

国家经济社会发展的极端重要性。早在1978年3月召开的全国科学大会上，他就提出了“科学技术是生产力”的重要论断，并且逐渐深入地认识到了科技革命对于经济社会发展的重大影响，指出：“世界新科技革命蓬勃发展，经济、科技在世界竞争中的地位日益突出，这种形势，无论美国、苏联、其他发达国家和发展中国家都不能不认真对待。”① 到了1988年9月，他在会见时任捷克斯洛伐克总统胡萨克时又进一步提出了“科学技术是第一生产力”的著名论断。尊重知识、尊重人才是邓小平文化治理思想的另一重要内容。邓小平认为，社会主义现代化建设事业的兴衰，改革开放的成败，关键因素就在于能不能在全社会形成尊重知识的氛围，能不能发现和利用好各类人才。为了彻底改变“文化大革命”以来知识和人才得不到充分尊重的社会氛围，他特别强调：“一定要在党内造成一种空气：尊重知识，尊重人才。要反对不尊重知识分子的错误思想。”② 邓小平还十分重视大力发展国民教育问题，并且提出了“教育要面向现代化，面向世界，面向未来”③ 的重要方针。

在社会治理方面，根据对历史发展经验和教训的总结、反思以及对现实国情基本现状的科学把握，邓小平提出了一系列重要思想和观点。其一，他强调了维护和保持社会秩序的稳定是国家最高利益。他在多次重要讲话或是谈话中都明确强调了这个观点：“中国的问题，压倒一切的是稳定，没有稳定的环境，什么都搞不成，已经取得的成果也会失掉。”④ “中国人这么多，底子这么薄，没有安定团结的政治环境，没有稳定的社会秩序，什么事也干不成。稳定压倒一切。”⑤ 其二，他提出了按劳分配为主体、其他分配方式为补充的观点。这实际上与他提出的坚持以公有制为主体、多种所有制并存的经济体制是

① 《邓小平文选》第3卷，人民出版社1993年版，第127页。
② 《邓小平文选》第2卷，人民出版社1994年版，第41页。
③ 《邓小平文选》第3卷，人民出版社1993年版，第35页。
④ 《邓小平文选》第3卷，人民出版社1993年版，第284页。
⑤ 《邓小平文选》第3卷，人民出版社1993年版，第331页。

相对应的。邓小平指出："处理分配问题如果不是看劳动，而是看政治，那就不是按劳分配。"[①] 其三，他还强调了要多学习国外先进治理经验和治理制度的问题。比如，他曾经以新加坡为例，说明中国要多向国外社会治理实践取取经："新加坡的社会秩序算是好的，他们管得严，我们应当借鉴他们的经验，而且比他们管得更好。"[②] 当然，他同时也强调了学习国外经验不能简单照搬照抄，而是要实事求是、一切从中国的国情出发，有选择、有鉴别、有发展的学习和借鉴。

在生态治理方面，邓小平继承和发展了毛泽东植树造林、绿化祖国的思想。他非常重视植树造林活动，多次对这项功在当代、利在千秋的重要活动作出重要指示和批示。他曾经明确指出："植树造林，绿化祖国，是建设社会主义，造福子孙后代的伟大事业，要坚持二十年，坚持一百年，坚持一千年，要一代一代永远干下去。"[③] 同时，为了确保活动效果，他还强调："为了保证实效，应有切实可行的检查和奖惩制度。"[④] 在他的提议下，1979 年召开的第五届全国人大常委会第六次会议确定了每年 3 月 12 日为中国的植树节。另外，邓小平还较早提出了可持续发展的思想。他认为，搞经济建设必须避免粗放式发展，要坚持统筹兼顾和因地制宜的原则。"所谓因地制宜，就是说那里适宜发展什么就发展什么，不适宜发展就不要去硬搞。"[⑤] 同时，邓小平还提出了必须依靠科学技术来统筹经济发展和生态保护，他曾经强调指出："解决农村能源、保护生态环境等等，都要靠科学。"[⑥]

在邓小平之后，以江泽民为主要代表的党中央领导集体结合新实践，继续不断发展中国特色社会主义国家治理理论，又实现了新的突

---

① 《邓小平文选》第 2 卷，人民出版社 1994 年版，第 101 页。
② 《邓小平文选》第 3 卷，人民出版社 1993 年版，第 378—379 页。
③ 《邓小平思想年编（1975—1997）》，中央文献出版社 2011 年版，第 250 页。
④ 《邓小平文选》第 3 卷，人民出版社 1993 年版，第 21 页。
⑤ 《邓小平文选》第 2 卷，人民出版社 1994 年版，第 316 页。
⑥ 《邓小平年谱（1975—1997）》下卷，中央文献出版社 2004 年版，第 882 页。

破和进展。江泽民国家治理思想的突出贡献可以归结为以下几点：

一是把公有制为主体、多种所有制共同发展作为社会主义基本经济制度确立下来。进入社会主义现代化建设时期以后，中国社会主义经济结构的理论经历了一个不断深化认识的过程，从最早的计划经济时代单一的全民所有制和集体所有制并存，到允许其他所有制成分存在并作为有益补充，再到社会主义市场经济时代提倡多种所有制经济共同发展，充分体现了党中央对这个重要理论问题认识的不断深化。

二是明确提出了建设社会主义政治文明思想。苏联解体、东欧剧变以后，江泽民在继承毛泽东、邓小平民主和法制建设等思想的基础上，提出了建设社会主义政治文明的新概念。他曾经多次在不同场合的重要讲话中明确强调了要建设社会主义政治文明，指出“发展社会主义民主政治，建设社会主义政治文明，是社会主义现代化的重要目标”①，这标志着党对建设社会主义物质文明、精神文明又有了新的深刻认识，同时也使得社会主义现代化建设的目标更加丰富和完善。

三是提出了依法治国和以德治国相结合的基本方略。江泽民认为，治理国家必须坚持他律和自律的有机结合，为此就必须充分发挥法律法规和道德规范的相互促进、相辅相成的重要作用。他指出：“我们在建设有中国特色社会主义、发展社会主义市场经济的过程中，要坚持不懈地加强社会主义法制建设，依法治国；同时也要坚持不懈地加强社会主义道德建设，以德治国。”②

四是明确提出了“科教兴国”战略。江泽民特别重视教育对于社会主义现代化建设的基础性关键性作用，他多次强调，只有大力发展教育，才能推动科技发展，才能培养创新型人才，提出“坚持教育创新，深化教育改革，优化教育结构，合理配置资源，提高教育质量和管理水平，全面推进素质教育造就数以亿计的高素质劳动者、数

① 《十五大以来重要文件选编》（下），人民出版社2003年版，第2416页。

② 《江泽民文选》第3卷，人民出版社2006年版，第200页。

以千万计的专门人才和一大批拔尖创新人才”①。

五是明确提出了可持续发展的重要理念。江泽民指出：“在现代化建设中，必须将实现可持续发展作为一个重大战略”②，这对于中国推进社会主义生态文明建设是一个重要理论铺垫。关于如何推进可持续发展，他又进一步提出：“为了实现我国经济社会持续发展，为了中华民族的子孙后代始终拥有生存和发展的良好条件……按照可持续发展的要求，正确处理经济发展同人口、资源、环境的关系。”③

2002 年党的十六大召开以后，以胡锦涛为主要代表的党中央领导集体，继续以马克思主义经典作家国家治理思想的基本理论为指导，在充分继承党的历代中央领导集体国家治理思想的基础上，又提出了一系列新思想、新论断，实现了新世纪、新阶段中国国家治理思想的新发展。胡锦涛对中国国家治理思想的贡献主要表现在以下几个方面。

第一，提出了科学发展观的重大战略思想。胡锦涛认为，发展是党执政兴国的第一要务，为了推动更好发展，必须首先树立科学的发展观。科学发展观，就是强调以人为本和注重全面、协调、可持续的发展观，就是促进经济社会和人的全面发展的发展观。其第一要义是发展，核心要义是要做到以人为本，基本方法是要实现“五个统筹”④。2004 年 3 月，胡锦涛对科学发展观的深刻内涵和基本要求做了深刻阐释：“坚持以人为本，就是要以实现人的全面发展为目标，从人民群众根本利益出发谋发展、促发展……可持续发展，就是要促进人与自然的和谐，实现经济发展和人口、资源、环境相协调，坚持走生产发展、生活富裕、生态良好的文明发展道路，保证一代接一代永续发展。”⑤ 科学发展观，可谓是胡锦涛国家治理思想的核心思想，

① 《江泽民文选》第 3 卷，人民出版社 2006 年版，第 560 页。

② 《江泽民文选》第 1 卷，人民出版社 2006 年版，第 463 页。

③ 《江泽民文选》第 3 卷，人民出版社 2006 年版，第 462 页。

④ “五个统筹”，即统筹城乡发展、统筹区域发展、统筹经济社会发展、统筹人与自然和谐发展、统筹国内发展和对外开放。

⑤ 《胡锦涛文选》第 2 卷，人民出版社 2016 年版，第 166—167 页。

并且被作为党的重要指导思想写入了党章。

第二，提出了构建社会主义和谐社会的重要思想。在新世纪新阶段，胡锦涛审时度势，根据国内社会主义现代化发展现状及人民需求，适时提出了构建社会主义和谐社会的新目标与新战略，这样就把“中国特色社会主义事业总体布局由社会主义经济建设、政治建设、文化建设三位一体发展成为社会主义经济建设、政治建设、文化建设、社会建设四位一体”①。关于社会主义和谐社会的科学内涵，胡锦涛做了这样的深刻阐述：“我们所要建设的社会主义和谐社会，应该是民主法治、公平正义、诚信友爱、充满活力、安定有序、人与自然和谐相处的社会。”② 后来，随着认识的不断深入，构建社会主义和谐社会逐渐被确立为党领导人民建设社会主义的长远目标，并被写入党的重要文献。社会主义和谐社会理论的提出和确立，充分体现了人民呼声和利益诉求，表明我们党对社会主义国家治理规律的认识又达到了新的高度，同时也是对马克思主义经典作家关于未来理想社会理论的继承和发展。

第三，确立了全面建设小康社会的重大理论。小康社会理论是邓小平在把马克思主义基本原理同中国古代优秀传统文化实现有机结合的基础上提出来的，后来，随着中国社会主义现代化建设事业的不断深入和发展，其理论也逐渐得到丰富和发展。党的十六大之后，全面建设小康社会作为党治国理政的重大战略目标被正式确立下来。在党的十七大报告中，胡锦涛指出了确保到2020年实现全面建成小康社会的奋斗目标，并对全面小康社会的基本内涵进行了深刻描述：一是“增强发展协调性，努力实现经济又好又快发展”，二是“扩大社会主义民主，更好保障人民权益和社会公平正义”；三是“加强文化建设，明显提高全民族文明素质”；四是“加快发展社会事业，全面改善人民生活”；五是“建设生态文明，基本形成节约能源资源和保护

① 《胡锦涛文选》第2卷，人民出版社2016年版，第274页。

② 《胡锦涛文选》第2卷，人民出版社2016年版，第285页。

生态环境的产业结构、增长方式、消费模式”①。由此可见，同过去偏重于经济指标的理论不同，胡锦涛国家治理理论视域下的全面建设小康社会，已经是一个涵盖了经济、政治、文化、社会与生态文明建设的综合性指标。

（三）新时代中国特色社会主义国家治理思想的丰富和提升

党的十八大以来，习近平总书记立足于新的历史方位和工作实践，提出了“国家治理体系和治理能力现代化”的重大时代课题，极大地丰富和发展了马克思主义国家治理思想，把中国社会主义国家治理思想推向新的发展阶段。

党的十八届三中全会把“推进国家治理体系和治理能力现代化”与“完善和发展中国特色社会主义制度”并列为全面深化改革的总目标，第一次用“治理”代替“管理”，提出了新时代全面深化改革的执政理念和治国方略。全会提出推进国家治理体系和治理能力现代化的奋斗目标，表明了我们党对社会主义政治发展规律的深刻把握，为中国在新的历史起点上全面深化改革指明了前进方向。

作为现代政治文明的重要标志，国家治理体系和治理能力现代化，是当今世界政治文明发展的优秀成果，是全球化、信息化时代的发展要求，也是中国社会主义政治文明建设的重要内容。推进国家治理体系和治理能力的现代化要求更新治理理念、深入改革治理体制、丰富和完善治理体系、努力提高治理能力。同时，国家治理还应当体现国情特色，建设符合中国国情的、有中国特色的治理道路，把中国特色的制度优势转化为国家治理的积极效能。

国家治理体系和治理能力是国家治理的两大基本要素，既相互区别又紧密联系。习近平总书记指出：“国家治理体系是在党领导下管理国家的制度体系，包括经济、政治、文化、社会、生态文明和党的

① 胡锦涛：《高举中国特色社会主义伟大旗帜 为夺取全面建设小康社会新胜利而奋斗——在中国共产党第十七次全国代表大会上的报告》，人民出版社2007年版，第20页。

建设等各领域体制机制、法律法规安排，也就是一整套紧密相连、相互协调的国家制度；国家治理能力则是运用国家制度管理社会各方面事务的能力，包括改革发展稳定、内政外交国防、治党治国治军等各个方面。”① 这一重要论述对国家治理体系和治理能力的基本概念和科学内涵作出了深刻阐释，深入揭示了其本质区别和内在联系。

党的十八届三中全会作出的《中共中央关于全面深化改革若干重大问题的决定》明确提出：“全面深化改革的总目标是完善和发展中国特色社会主义制度，推进国家治理体系和治理能力现代化。”完整理解和深刻把握这个总目标，必须将其看作一个整体。也就是说，这个总目标虽然各有其特定内容，但却不是彼此孤立、毫无关联的，而是相辅相成、密切相关的。完善和发展中国特色社会主义制度，规定了走中国特色社会主义道路的根本方向，为推进国家治理体系和治理能力现代化提供了根本保障；而推进国家治理体系和治理能力现代化，则规定了所要选择的具体路径，是完善和发展中国特色社会主义制度的重要体现。

党的十九届四中全会审议通过的《中共中央关于坚持和完善中国特色社会主义制度 推进国家治理体系和治理能力现代化若干重大问题的决定》，明确了坚持和完善中国特色社会主义制度、推进国家治理体系和治理能力现代化的总要求、总目标和重点任务，作出了“三步走”战略安排：“到我们党成立一百年时，在各方面制度更加成熟更加定形上取得明显成效；到二〇三五年，各方面制度更加完善，基本实现国家治理体系和治理能力现代化；到新中国成立一百年时，全面实现国家治理体系和治理能力现代化，使中国特色社会主义制度更加巩固、优越性充分展现。”② 这个总体目标和时间安排与党的十九大提出的全面建成社会主义现代化强国新“三步走”战略步

---

① 习近平：《切实把思想统一到党的十八届三中全会精神上来》，《人民日报》2014年1月1日。

② 《中共中央关于坚持和完善中国特色社会主义制度 推进国家治理体系和治理能力现代化若干重大问题的决定》，人民出版社2019年版，第5—6页。

骤高度吻合，充分体现了党中央对现代文明社会发展客观规律的科学把握，充分体现了党中央对社会主义现代化建设客观规律的科学把握。

关于如何推进国家治理体系和治理能力现代化，党的十九届四中全会还明确强调要把中国制度优势更好地转化为国家治理效能，要“构建系统完备、科学规范、运行有效的制度体系，加强系统治理、依法治理、综合治理、源头治理，把我国制度优势更好转化为国家治理效能”①。这充分表明我们党对于国家治理现代化的认识又有了新的升华。制度只有贯彻落实下去，具有了执行力，才能转化为治理效能，切实发挥作用。治理体系和治理能力是国家治理现代化的两大核心内容，二者相辅相成，治理制度体系完备了不意味着治理能力一定高，只有治理体系完善和治理能力提高这两个条件同时具备了，治理效能才能有效发挥出来。

关于如何完善中国特色社会主义制度、推进国家治理现代化，党的十九届四中全会系统提出了坚持和完善党的领导制度体系等 13 项重大战略部署，涵盖了“五位一体”以及党建、外交、国防等各方面制度建设。这 13 个“坚持和完善”，是推进国家治理体系和治理能力现代化的主要举措，表明了我们党经过新中国成立以来 70 多年的不懈努力、艰辛探索，对如何坚持和完善中国特色社会主义制度、推进国家治理体系和治理能力现代化，有了更加系统科学的理性认识，同时也表明中国的社会主义制度体系已经日益走向成熟和完善，为全面建成社会主义现代化强国、实现中华民族伟大复兴的中国梦提供了重要保障。

党的二十大报告又极大地丰富和发展了新时代中国特色社会主义国家治理理论，建构了完整、系统的中国式现代化的理论体系，对中国式现代化的中心任务、中国特色、本质要求、实践原则进行了深入

① 《中共中央关于坚持和完善中国特色社会主义制度 推进国家治理体系和治理能力现代化若干重大问题的决定》，人民出版社 2019 年版，第 5 页。

阐释。关于中国式现代化的中心任务，党的二十大报告指出："从现在起，中国共产党的中心任务就是团结带领全国各族人民全面建成社会主义现代化强国、实现第二个百年奋斗目标，以中国式现代化全面推进中华民族伟大复兴。"① 关于中国式现代化的中国特色，党的二十大报告指出"中国式现代化，是中国共产党领导的社会主义现代化，既有各国现代化的共同特征，更有基于自己国情的中国特色"②，并归纳了五大中国特色，分别是人口规模巨大的现代化、全体人民共同富裕的现代化、物质文明和精神文明相协调的现代化、人与自然和谐共生的现代化以及走和平发展道路的现代化。这五大鲜明特色深刻揭示了中国式现代化的基本特征，深刻揭示了独特的文化传统、独特的历史命运、独特的基本国情，注定了中国必然要走适合自己特点的发展道路。关于中国式现代化的本质特征，党的二十大报告主要提出了九个方面的内容，即"坚持中国共产党领导，坚持中国特色社会主义，实现高质量发展，发展全过程人民民主，丰富人民精神世界，实现全体人民共同富裕，促进人与自然和谐共生，推动构建人类命运共同体，创造人类文明新形态"③。这九个方面的内容既深刻揭示了中国式现代化的基本性质和内在要求，又涵盖了经济、政治、文化、社会及生态文明等各方面建设，同时还表明了中国式现代化的世界性影响和意义。针对沿着中国式现代化前进道路上可能遇到的各种艰难和险阻，党的二十大报告在深刻分析国内外形势风云变幻的基础上，提出了"五个坚持"的重大原则，既"坚持和加强党的全面领导、坚持中国特色社会主义道路、坚持以人民为中心的发展思想、坚持深化改革开放、坚持发扬斗争精神"。这五个重大原则构成了新时代新

---

① 习近平：《高举中国特色社会主义伟大旗帜 为全面建设社会主义现代化国家而团结奋斗——在中国共产党第二十次全国代表大会上的报告》，人民出版社 2022 年版，第 21 页。

② 习近平：《高举中国特色社会主义伟大旗帜 为全面建设社会主义现代化国家而团结奋斗——在中国共产党第二十次全国代表大会上的报告》，人民出版社 2022 年版，第 22 页。

③ 习近平：《高举中国特色社会主义伟大旗帜 为全面建设社会主义现代化国家而团结奋斗——在中国共产党第二十次全国代表大会上的报告》，人民出版社 2022 年版，第 23—24 页。

征程上中国全面建设社会主义现代化国家的根本遵循，同时也是中国共产党领导全国各族人民进行长期奋斗不断取得历史成就和宝贵经验的科学总结和丰富发展。

新时代中国特色社会主义国家治理思想内涵丰富、体系完整，概括来看，主要提出了以下基本要求：

第一，建立科学完备的制度体系。制度问题是一个带有根本性的问题。制度完备、科学并得到有效实施，党和国家一切工作的运转就会沿着正确的轨道前进，党和国家的各项事业就会充满生机和活力；制度不成熟、不完善或者不能得到有效实施，就不能限制和约束违背党和人民利益的行为，各种不正之风和权力腐败现象就会滋生、蔓延，从而妨碍党和国家肌体的健康，损害党和人民的社会主义建设事业。制度的根本性特征并非意味着制度不需要改革，一成不变。而是恰恰相反，随着经济社会的变化和发展，人们观念的更新和进步，制度是需要不断完善和发展的。

完善和发展中国特色社会主义制度是实现国家治理体系和治理能力现代化的必然前提。正如党的十九届四中全会所指出的："我国国家治理一切工作和活动都依照中国特色社会主义制度展开，我国国家治理体系和治理能力是中国特色社会主义制度及其执行能力的集中体现。"① 改革开放40多年来，中国社会主义建设事业取得历史性成就的关键是找到了一条正确的建设中国特色社会主义的道路，形成了一整套中国特色社会主义制度。正是在这一制度框架下，中国治理体系和治理能力现代化建设才取得了长足发展。实践证明，建构在这一制度框架内的国家治理体系和治理能力总体上是好的，是具有自身独特优势和适应中国国情发展要求的。然而，我们也必须清醒地认识到，在我们的国家治理体系和治理能力方面还有很多亟待改进的不足之处，尤其是在健全完善制度方面还需要下更大气力。因此，必须在党

① 《中共中央关于坚持和完善中国特色社会主义制度 推进国家治理体系和治理能力现代化若干重大问题的决定》，人民出版社2019年版，第2页。

的正确领导下，不断改革那些不适应实践发展要求的体制机制，形成系统完备、科学规范、运行有效的制度体系，唯有如此，才能“不断彰显中国特色社会主义制度优势，不断增强社会主义现代化建设的动力和活力，把我国制度优势更好转化为国家治理效能”①。

第二，大力推行政府主导、社会协同的多元共治治理模式。国家治理以增进人民利益为出发点和落脚点。政府负有改善民生的首要责任。在复杂、多元的社会现实下，实现最广泛的公共利益，需要一个能把握和统筹各方利益的舵手发挥引导作用，以更有效地实现人民当家作主。在中国，由于各种原因的存在，社会发展还不成熟，需要政府处于主导地位，承担起确立发展方向和建立行为准则的任务。同时，需要社会组织和成员协同参与，他律和自律相结合，形成一种整合的共治模式，提升国家治理能力，只有这样才能“健全共建共治共享的社会治理制度，提升社会治理效能”②。

激发社会组织活力，鼓励人民群众参与治理，依靠社会合力提高治理能力是国家治理现代化建设的最终目标。在强调政府责任的同时，还应充分依靠多元社会力量的广泛参与和社会联动，让公民和社会组织充满生机活力。公民积极参与有利于提升集体效能，从而更好地发挥社会合力。社会组织在社会发展，尤其是社会治理中具有重要的地位并发挥着积极作用。社会的不断发展，为社会组织在社会治理中担当重任提供了客观基础条件，发展社会组织是整合治理资源的有效形式。加大对社会组织的扶持力度，探索、推广政府向社会组织购买服务的机制，增强国家治理效能，这样才能广泛调动起社会各方面主体的力量并实现有机融合，进而“建设人人有责、人人尽责、人人享有的社会治理共同体”③。

① 习近平：《高举中国特色社会主义伟大旗帜 为全面建设社会主义现代化国家而团结奋斗——在中国共产党第二十次全国代表大会上的报告》，人民出版社 2022 年版，第 27 页。

② 习近平：《高举中国特色社会主义伟大旗帜 为全面建设社会主义现代化国家而团结奋斗——在中国共产党第二十次全国代表大会上的报告》，人民出版社 2022 年版，第 54 页。

③ 习近平：《高举中国特色社会主义伟大旗帜 为全面建设社会主义现代化国家而团结奋斗——在中国共产党第二十次全国代表大会上的报告》，人民出版社 2022 年版，第 54 页。

第三，培育和弘扬社会主义核心价值体系。“意识形态工作是为国家立心、为民族立魂的工作。”[①] 价值体系是一个国家社会意识形态的主体和灵魂，在所有价值目标中，它处于支配地位，发挥着统领作用，引领和整合着所有社会意识和社会思潮。社会主义核心价值体系和社会主义核心价值观，从本质上体现着社会主义意识形态，是建立在社会主义经济基础之上的价值认同系统，是激励中华民族努力进取的精神力量，是维系中华民族和睦团结的思想纽带。国家治理体系是党和政府治国理政的制度体系，国家治理能力是党和政府治国理政的本领，赋予其生命与活力的正是社会主义核心价值体系和核心价值观。因此，社会主义核心价值体系和核心价值观是国家治理体系和治理能力的精神灵魂。推进国家治理现代化，必须坚守社会主义核心价值体系，坚守社会主义核心价值观。

社会主义核心价值体系主要有四个方面的内容：马克思主义指导思想、中国特色社会主义共同理想、以爱国主义为核心的民族精神和以改革创新为核心的时代精神以及社会主义荣辱观。这四个方面的内容既密切联系，又贯通统一，鲜明地回答了在新的历史条件下我们党应该以什么样的精神旗帜团结带领全国各族人民开拓奋进、勇于进取，不断夺取中国特色社会主义建设新胜利的重大问题，鲜明地回答了中华民族应当以什么样的精神风貌实现伟大复兴，屹立于世界民族之林的重大问题。在国家治理体系和治理能力现代化的进程中，只有大力培育和弘扬社会主义核心价值体系，才能使国家治理有科学的指导理论，有全党全社会的共同价值追求，有促进民族复兴和国家发展的历史基础和不竭动力，有扬正气树新风的良好环境。

“社会主义核心价值观是凝聚人心、汇聚民力的强大力量。”[②] 社会主义核心价值观是社会主义核心价值体系的高度凝练和集中表达，

---

① 习近平：《高举中国特色社会主义伟大旗帜 为全面建设社会主义现代化国家而团结奋斗——在中国共产党第二十次全国代表大会上的报告》，人民出版社 2022 年版，第 43 页。

② 习近平：《高举中国特色社会主义伟大旗帜 为全面建设社会主义现代化国家而团结奋斗——在中国共产党第二十次全国代表大会上的报告》，人民出版社 2022 年版，第 44 页。

集中反映了社会主义核心价值体系的思想内核。以“富强、民主、文明、和谐、自由、平等、公正、法治、爱国、敬业、诚信、友善”为基本内容的社会主义核心价值观，有国家、社会、公民三个层面的内容，推进国家治理现代化同样也是如此。从国家层面来说，就是要体现富强、民主、文明、和谐的价值目标；从社会层面来说，就是要体现自由、平等、公正、法治的价值取向；从公民层面来说，就是要体现爱国、敬业、诚信、友善的价值准则。因此，推进国家治理现代化，必须努力培育践行社会主义核心价值观，使社会主义核心价值观真正实现入脑、入心，使社会主义核心价值观真正融入社会生活、形成制度规范，成为推进国家治理现代化的自觉意识和思想保障。

第四，注重提高党在各方面的执政能力。“我们党作为世界上最大的马克思主义执政党，要始终赢得人民拥护、巩固长期执政地位，必须时刻保持解决大党独有难题的清醒和坚定。”① 中国的改革之所以能够顺利推进并取得历史性成就，关键就是因为不断坚持和加强党的全面领导。40 多年来，在党的正确领导下，中国综合国力大幅跃升，国际影响显著扩大，人民生活水平不断提高，社会长期保持安定团结，中国共产党由此也赢得了中国各族人民的衷心拥戴。中国共产党的领导地位不是自封的，而是党领导全国人民经过长期艰苦卓绝的努力并付出巨大的牺牲确立的，是在社会主义革命、建设和改革中得以不断巩固的。在全面深化改革的伟大进程中不断推进国家治理体系和治理能力现代化，最关键的问题就是要坚决拥护党的领导，毫不动摇地坚持和改善党的领导。实践表明，要把十四亿人的思想和力量统一和凝聚起来，齐心协力推进全面深化改革、发展中国特色社会主义、实现中华民族伟大复兴，没有党的坚强统一领导是不可想象的。

一个忠实地代表人民利益、国家利益和民族利益的强大政党，是全面深化改革的根本保证。党的十八届三中全会通过的《中共中央

---

① 习近平：《高举中国特色社会主义伟大旗帜 为全面建设社会主义现代化国家而团结奋斗——在中国共产党第二十次全国代表大会上的报告》，人民出版社 2022 年版，第 63 页。

关于全面深化改革若干重大问题的决定》明确强调："必须加强和改善党的领导，充分发挥党总揽全局、协调各方的领导核心作用，建设学习型、服务型、创新型的马克思主义执政党，提高党的领导水平和执政能力，确保改革取得成功。"[①] 一个擅长科学执政、民主执政、依法执政的强大政党，同样也是推进国家治理体系和治理能力现代化的根本保证。国家治理体系是以国家政权为核心的统领性组织系统，负责国家建设和社会发展的全局性问题。中国共产党作为执政党，无疑是国家治理体系的领导核心。新中国成立以来党的执政历史，尤其是改革开放以来党的执政历史表明，正是由于党始终是国家治理体系的坚强领导核心，国家治理体系才顺利从富有"人治"色彩转向富有"法治"色彩，从一元化管理转向多元化治理，逐渐走向成熟。

中国共产党的领导，是中国特色社会主义最本质的特征，是中国特色社会主义制度的最大优势[②]，也是我们党领导人民不断取得巨大成功的关键所在。习近平总书记非常重视加强党对推进国家治理现代化的领导作用。他强调"全面建设社会主义现代化国家、全面推进中华民族伟大复兴，关键在党"[③]，我们党必须适应国家现代化总进程的发展现实，提高党科学执政、民主执政、依法执政水平，"实现党、国家、社会各项事务治理制度化、规范化、程序化，不断提高运用中国特色社会主义制度有效治理国家的能力"[④]。这些重要论述为新时代中国不断推进中国式现代化建设提供了根本保障。

我们党是执政党，是推进国家治理体系和治理能力现代化的主体力量和领导力量。"党政军民学，东西南北中，党是领导一切的。"[⑤]

---

① 《中共中央关于全面深化改革若干重大问题的决定》，人民出版社2013年版，第57页。

② 中共中央党史和文献研究院：《十九大以来重要文献选编》（上册），中央文献出版社2019年版，第294页。

③ 习近平：《高举中国特色社会主义伟大旗帜 为全面建设社会主义现代化国家而团结奋斗——在中国共产党第二十次全国代表大会上的报告》，人民出版社2022年版，第63页。

④ 《习近平谈治国理政》，外文出版社2014年版，第104页。

⑤ 中共中央党史和文献研究院：《十九大以来重要文献选编》（上册），中央文献出版社2019年版，第729页。

推进国家治理体系和治理能力现代化，必须不断提高党在各方面的执政能力，“落实新时代党的建设总要求，健全全面从严治党体系，全面推进党的自我净化、自我完善、自我革新、自我提高，使我们党坚守初心使命，始终成为中国特色社会主义事业的坚强领导核心”①，要着力把我们党建设成为一个善于科学执政、民主执政、依法执政的强大政党。科学执政、民主执政、依法执政，是体现党执政能力的三个重要方面，是紧密联系、相辅相成的。科学执政是治国理政的基本要求，民主执政是科学执政的前提基础，依法执政是科学执政、民主执政的重要保障，三者有机统一于党治国理政的具体实践当中。全体党员，尤其是党员领导干部，都要充分认识到全面深化改革背景下实现科学执政、民主执政、依法执政的重要性和紧迫性，要努力在治国理政的实践中，不断加强执政能力建设，不断提高自身执政能力，努力把科学执政、民主执政、依法执政的具体要求落到工作实处。

① 习近平：《高举中国特色社会主义伟大旗帜 为全面建设社会主义现代化国家而团结奋斗——在中国共产党第二十次全国代表大会上的报告》，人民出版社 2022 年版，第 64 页。

第二章　大数据和国家治理现代化的价值衔接

随着大数据时代的到来，数据信息在国家治理中扮演着愈来愈重要的角色。海量数据信息的搜集、归纳、处理及运用，不仅能够为提升国家治理水平提供新的分析视角和决策依据，而且能够有效推进国家治理体系的日益完善和治理能力的显著提高。作为提升国家治理水平的重要战略资源，大数据的理念、技术和方法被深入运用至国家治理的各个领域，必然能够引起国家治理的深刻变革，进而实现智慧型治理和建设智慧型国家。

一　大数据的基本理论

信息时代的到来使得各种数据信息充斥在人们的生产生活当中，大数据逐渐成为人们常常谈及的话题，有人更是据此提出当今时代已经进入了大数据时代。然而，大数据究竟是什么？应该如何科学认识大数据的来龙去脉及其基本特征？这是研究大数据国家治理必须厘清的基本问题。

（一）大数据概念的提出

近年来，作为高科技时代的重要产物，大数据越来越受到自然科学和社会科学以及政界、商界等各界的普遍关注，乃至于很多人认为当今社会已经进入了一个“大数据时代”。那么“大数据”这个词汇是如何诞生以及演变的呢?

从起源来看，大数据产生于人们对于数量庞杂的数据信息的集束化、高效化处理。早在1890年，为了统计人口普查数据，美国著名统计学家赫尔曼·霍尔瑞斯发明了一台电动器，用来读取人口普查中搜集到的卡片上的数据信息。这台设备的运用使得通常要由8年时间才能完成的全美人口普查，仅仅用了1年时间就顺利完成，在一定程度上开辟了人类社会数据处理的新纪元。

1946年2月，美籍匈牙利科学家约翰·冯·诺依曼发明了世界上第一台电子计算机——ENIAC（Electronic Numerical Integrator And Computer，即电子数字积分计算机），人类处理数据信息的能力实现了革命性飞跃，人类需要处理的数据信息也越来越向着“大”的方向发展。1961年，美国著名谍报机构国家安全局（NSA）为了应对海量的情报数据信息，开始采用电子计算机收集和处理这些数据信息，他们用计算机把仓库内积压的数以万计的模拟磁带信息进行电子化数字化处理，大大提高了情报分析的工作效率。

就大数据这个词汇本身来讲，它的最早提出是在美国电子电器工程师学会（IEEE）举办的第八届可视化会议上。1997年10月，该学会的两位研究员迈克尔·考克斯（Michael Cox）和戴维·埃尔斯沃思（David Ellsworth）在此次会议上提交了论文《为外存模型可视化而应用控制程序请求页面调度》，该文首次阐明了“大数据”的概念，并对其内涵进行了初步界定。

之后，大数据逐渐引起了理论界人士的重视，一些研究者开始关注和分析其概念、内涵、特征等。如美国经济学家弗朗西斯·X. 迪博尔德（Francis X. Diebold）就曾撰写《大数据，宏观经济度量与预测动态因素模型》（2000）的文章，该文分析了大数据在经济方面应该如何运用的问题。麦塔集团（META Group）的高级咨询师道格·莱尼（Doug Laney）最早分析了大数据的特征，他在2001年撰写的一份研究报告《3D数据管理：控制数据容量、处理速度及数据种类》中提出了沿用至今的大数据“4V”特征中的“3V”：高速性

（Velocity）、多样性（Variety）和规模性（Volume）。

（二）大数据的科学内涵

关于大数据，尽管美国著名的未来学家阿尔文·托夫勒早在其1980年出版的著作《第三次浪潮》中就已经提出，大数据将在未来的世界发展中发挥重要作用，之后的一些学者对之也有所论及，但它真正为人们所了解并熟知却始于国际上享有盛誉的美国著名学术杂志*Nature* 2008年的专刊推介。2008年9月，*Nature*杂志发表了一期以“大数据”为主题的专刊，标志着大数据这一概念被正式普及开来，并迅速成为科学和创新领域的前沿话题。之后，“大数据”受到愈来愈多地关注和认知，并迅速从概念转化为实践，由自然科学领域发展到社会科学领域，从研究其物理属性扩散到研究其社会属性，进而进入了国家治理层面。

关于什么是大数据（Big data），各界可谓是众说纷纭。全球颇具权威性的IT研究咨询公司高德纳咨询公司（Gartner）这样定义大数据：“大数据是需要新处理模式才能具有更强的决策力、洞察发现力和流程优化能力来适应海量、高增长率和多样化的信息资产。”① 中科院院士徐宗本也提出了相似的观点，认为大数据就是“不能集中存储、难以在可接受时间内分析处理、个体或部分数据呈现低价值而数据整体呈现高价值的海量复杂数据集”②。维基百科（Wikipedia）给出的定义是：大数据，又称巨量资料，指的是所涉及的资料量规模巨大到无法通过目前主流软件工具，在合理时间内达到撷取、管理、处理并整理成为帮助企业经营决策的重要资讯。或者可以更通俗一点说，大数据就是指无法在可承受的时间范围内用常规软件工具进行捕捉、管理和处理的数据集合。IDC（国际数据公司）则从大数据的四个显著特征来进行定义，即海量的数据规模（Volume）、快速的数据

① 杨进中：《虚实融合的研究性学习环境构建研究》，人民出版社2018年版，第53页。

② 徐宗本、张维、刘雷等：《数据科学与大数据的科学原理及发展前景——香山科学会议第462次学术讨论会专家发言摘登》，《科技促进发展》2014年第1期。

流转和动态的数据体系（Velocity）、多样的数据类型（Variety）、巨大的数据价值（Value）。

中国著名信息专家涂子沛认为："大数据是指人类有前所未有的能力来使用海量的数据，在其中发现新知识、创造新价值，从而为社会带来大知识'、'大科技'、'大利润'和'大智能'等发展机遇。"①

全球著名的战略咨询公司麦肯锡于2011年发布了一份研究报告《大数据：下一个具有创新力、竞争力和生产力的前沿领域》，其中不但对大数据的概念进行了较为科学的界定——"'大数据'是指其大小超出了典型数据库软件的采集、储存、管理和分析等能力的数据集"②，并且较为详细地介绍了大数据理念、技术和方法的运用。这在很大程度上直接推动了大数据从理论到实践的应用。自此之后，人们对大数据的认识也从自然科学的技术范畴逐渐上升为信息资产、思维变革以及战略资源等多个维度的社会科学范畴。

综上所述，大数据的概念从最初学者们多从自然科学的技术角度来分析，到上升为从理念、思维、价值等社会科学角度来诠释，分析的视角趋向于从微观向中观和宏观发展。由此，大数据的概念可以从以下几个层面进行界定：首先，从微观层面来看，大数据是在新一轮科技革命软硬件设施条件支持下，反映事物的规模更为巨大、信息更加庞杂、种类更加繁多、关联更为全面的数据集合。其次，从中观层面来看，大数据是信息经济时代的重要战略资源，是能够改变国际竞争方式、国家治理效率、企业经营效益、人们生活水平的重要生产要素。最后，从宏观层面来看，大数据是一场关乎从小样本到近似全样本的思维、理念和方法的重大变革，是人类认识世界和改造世界的一次时代性革命。

---

① 涂子沛：《数据之巅：大数据革命，历史、现实与未来》，中信出版社2014年版，第258—259页。

② ［美］麦肯锡公司（MCI）：《大数据：下一个具有创新力、竞争力和生产力的前沿领域》，《赛迪译丛》2012年第25期。

（三）大数据的基本特征

从起源上看，大数据是一个 IT 专业术语，之所以被称为大数据，是因为其最明显的特征就是海量或者称巨量的数据信息。然而，大数据的特征却远不止于“大”。国内外研究者在概括大数据的特征时，通常都会用“n + V”的形式来表示。前文所述的道格·莱尼和维克托·迈尔—舍恩伯格等众多研究者在分析大数据的特征时都提出了“3V”的基本特点，即高速性（Velocity）、多样性（Variety）和规模性（Volume），这个观点也得到了弗雷斯特研究公司（Forrester Research）、高德纳咨询公司等著名国际组织和企业的支持和认可。国际数据公司（IDC）在此基础上又提出了巨大的数据价值（Value）的特性，将“3V”扩充为“4V”。此外，还有一些研究者或是企业组织提出了其他“V”度，如灵活性（Variability）、真实性（Veracity）、正当性（Validity）等。

就当前来看，业内人士对于大数据基本特征认可度较高的还是 4V 特点：

其一，Volume（规模性）。数据量超级大是大数据的最突出特征。当今是信息经济时代，随着物联网、云计算、区块链等信息技术的快速发展，以及各种电脑、手机和微博、微信等软硬件设施的更新换代，几乎所有的人、事、物都可以成为数据并被记录下来，由此也就会有大量的数据被生产出来。对于运用大数据来说，用于采集、存储和计算的数据量一般来说都非常庞大，其起始计量的单位通常是 PB、EB、ZB，甚至是 YB 和 BB。① 据有关部门统计，2000 年，世界各国存储的数据总和大约是 800EB，而到了 2020 年，这一数字大约是 40000 EB。

其二，Variety（多样性）。数据信息种类繁多并且复杂多变是大

① 计算机存储最小单位为 Bit，简称 B，单位从小到大依次为：KB，MB，GB，TB，PB，EB，ZB，YB，BB，1KB = 1024B，1MB = 1024KB，1GB = 1024MB，1TB = 1024GB，1PB = 1024TB，1EB = 1024PB，1ZB = 1024EB，1YB = 1024ZB，1BB = 1024YB。

数据的一个重要特征。大数据之所以数量巨大，不仅仅是由于信息时代数据量呈现出爆炸性增长趋势，还由于数据形式的不断改变和拓展而造成的。大数据之前的数据，多是以文本形式统计出来的数据，比如 Excel 软件中处理的数据、问卷调查得到的数据等，此类数据可被称为结构化数据。在大数据时代，随着网络信息技术和多媒体、自媒体等不断发展和数据获得渠道的不断增多，各种图片、音频、视频、网络日志、点击流量、搜索引擎、地理位置等各种形式的半结构化以及非结构化数据越来越多，占数据的比重也越来越大。据有关统计，现在人们生产生活产生的数据 90% 以上都是半结构化或非结构化数据，这使得数据信息愈发复杂多样，形式也是无所不包。

其三，Value（价值性）。大数据庞杂而复杂多变的特性，使得数据价值密度相对较低。但是这并不等于说大数据的应用价值不高。实际的情况恰恰相反。大数据由于其接近“全景式”地反映事务全貌，蕴藏的价值也是充分的、弥足珍贵的。这就像矿工在沙子里淘金一样，黄金的数量相比沙子数量来说虽然微不足道，但是只要把巨量的沙子全部淘掉就一定能够得到珍贵的黄金。由此来看，大数据价值密度的稀疏性并不代表其没有巨大的价值。实际上，通过大数据的技术与方法分析，一些看似“风马牛不相及”的“无关”数据又有着相互紧密的内在关联，这和南美洲的一只蝴蝶轻轻挥动翅膀就有可能引起北美的一场龙卷风的“蝴蝶效应”有着相似的内在机理。由此可见，像大浪淘沙一样，保留有用数据—舍弃无用信息—分析潜在关联—发现价值所在，这才是大数据的真正价值所在。

其四，Velocity（高速性）。由于网络信息技术的飞速发展，数据被创建和移动的速度也在飞速地发展。个人、企业、社会组织、党政机关每天都会由于生活生产等行为而产生大量数据，这些数据需要被及时地处理和反馈，这样才能满足信息时代数据工作的时效性需求。以企业为例，它们不仅需要及时根据市场需求快速创建客户需求的各种数据，而且还要清楚地了解如何快速处理、分析数据并反馈给客户，以满足不同类型客户的各自需求。这就对大数据处理的高速性提出了严格要求，很多大数据分析平台只有真正做到了实时处理和反馈数据才能跟上自身发展的要求，而谁处理大数据的速度和能力更强，在很大程度上就在同业竞争中处于主动和优势地位。据此，有人提出了著名的“1 秒定律”，也就是说，分析数据要在 1 秒内就出结果，否则数据的分析就会失去价值。

二　大数据是国家治理现代化的推动力量

作为信息时代最具有代表性的新型数据处理技术及相关理念和方法，大数据对于国家治理的重要价值是不言而喻的。对于我们的国家来说，将大数据的理念、技术及方法运用于国家治理，就会在经济、政治、文化、社会、生态等各领域全面提升治理体系和治理能力现代化水平，进而有力地推进全面建成社会主义现代化强国的进程。

在大数据时代，国家治理体系和治理能力现代化发展既面临发展机遇，又面临严峻挑战。如何运用大数据的理念、技术和方法有效提升国家治理现代化水平，是一个亟待解决的时代命题。推进国家治理体系和治理能力现代化，离不开科学合理的治理方式，而科学合理的治理方式，又离不开大数据的保障和支持。就如同习近平所强调的，要“更加重视运用人工智能、互联网、大数据等现代信息技术手段提升治理能力和治理现代化水平”①，“要运用大数据提升国家治理现代化水平”②。在这个数字信息技术突飞猛进的新时代，大数据作为一种宝贵资源，正在悄然对国家治理的模式进行革命性重塑，同时也为提升国家治理体系和治理能力现代化水平开拓了广阔前景。

对中国来讲，将大数据运用于国家治理的标志性事件就是国务院 2015 年 9 月发布了《促进大数据发展行动纲要》（下文简称《纲要》）。《纲要》明确指出：“坚持创新驱动发展，加快大数据部署，

---

① 《习近平谈治国理政》第 3 卷，外文出版社 2020 年版，第 115 页。

② 《习近平在中共中央政治局第二次集体学习时强调 审时度势精心谋划超前布局力争主动 实施国家大数据战略 加快建设数字中国》，《人民日报》2017 年 12 月 10 日。

深化大数据应用，已成为稳增长、促改革、调结构、惠民生和推动政府治理能力现代化的内在需要和必然选择。”①

就当前来看，随着物联网、区块链、云计算、人工智能等数字信息技术的飞速发展，人类社会运行当中产生的数据规模越来越大，而人们分析和处理数据的能力也在持续增强，所需的人力物力财力等成本也持续降低。如同国际著名咨询公司麦肯锡所指出的那样，“大数据时代已经到来”，数据已经成为重要的战略资源，同时还是增强自身竞争力的核心要素。欧美一些发达国家已经领先一步启动了国家大数据战略。比如美国政府早在 2012 年 3 月就已经推出了“大数据的研究和发展计划”，并视其为提升国家竞争力的重要举措。英国、日本、韩国等一些国家也纷纷把大数据提升至国家战略层面，并重视在国家治理中应用大数据的理念和技术。由此可见，大数据已经走入了国家治理领域，并日益成为推动国家治理体系和治理能力现代化建设的重要引擎。

（一）大数据推动国家治理理念实现创新性变革

如前所述，一些发达国家正在推进大数据国家战略，正在把大数据的理念和技术方法引入国家治理领域，运用大数据提升国家治理水平已经成为时代潮流，同时也逐渐成为推动国家治理现代化的客观要求和必然选择。对于国家治理来说，大数据实际上就意味着管理的革命，它所引发的重要变革不仅仅局限于技术领域，更为主要的体现在社会领域，特别是国家公共管理与服务领域。当前，不仅仅是国外一些发达地区在全方位引入大数据国家治理，国内很多地区也已经广泛运用大数据来提升国家治理水平，并在公共管理的技术创新、服务创新、方法创新等方面已经颇有建树，而这其中最根本、最关键的创新，其实还是治理理念方面的创新。

思想是行动的先导。对于国家治理现代化建设来说，思想理念创

① 《促进大数据发展行动纲要》，人民出版社 2015 年版，第 3 页。

新的重要性是不言而喻的。只有思想理念创新了，其他服务创新、技术创新、模式创新才具有可能性。在大数据时代，国家治理思想理念的创新不仅要充分吸收现代行政学、管理学等理论研究的新成果，也要充分挖掘大数据所蕴藏的理念内涵，使其更好地成为国家治理价值的重要载体，充分体现其坚持人民主体地位的价值关怀，维护社会公平正义的社会诉求，推动实现社会和谐稳定的治理目标。大数据推动国家治理思想理念的创新性变革，主要体现在从“管理”到“治理”的转变上，使得国家治理更加重视提高人民的幸福生活，更加重视从控制转向引导、从管理转向服务、从政府主导转向多元共治。具体来看，大数据推动国家治理理念实现创新性变革，主要体现在以下两个方面。

第一，有效提高国家治理的数据开放和共享意识。

2015 年 5 月，贵州省贵阳市召开的国际大数据产业博览会暨全球大数据时代峰会发布了《大数据贵阳宣言》，呼吁政府所掌握的有关数据应该适当对外开放，以适应透明政府的时代要求。因为只有开放了政府数据，社会公众的知情权和监督权才能得到有效保证，国家治理才会更加有创新动力，从而更好地服务于社会、服务于人民。大数据价值的发挥，是建立在数据的开放和共享基础之上的。只有建立了大数据开放共享的载体平台，使得社会公众都能使用大数据参与国家治理，才能充分调动起社会公众参与国家治理的热情，进而真正推动实现多元共治。由此可见，推动数据更加开放是大数据对国家治理理念的重要影响之一。

目前，世界各国越来越重视数据的开放和共享，开放和共享已经成为大数据时代的显著特征。任何一个国家或地区的政府，如果不重视数据的开放和共享，缺乏相关意识，必将无法适应大数据时代的国家治理要求，也必将在大数据的国家竞争中处于弱势地位。在大数据时代，数据的开放和共享为参与国家治理的所有主体特别是社会公众提供了智力支撑，使其能够更加积极主动有效地参与到国家治理的全过程中。世界上很多国家都已经深刻意识到了这一点，纷纷制定了开放和共享政府数据方案，并逐渐付诸国家治理实践。比如，英国政府在 2013 年 11 月发布的行动计划中就明确提出要把 data. gov. uk 作为数据集开放的唯一门户，并特别强调要优先对社会公众开放那些可能对国家治理产生重要影响的高价值数据集，以促使社会公众能够在国家治理当中发挥更加积极的作用。美国政府随后于 2013 年 12 月也发布了相关行动方案，该方案对社会公众作出承诺，要对他们开放农业、营养、自然灾害等政府数据，并且完善和改进了其数据开放和共享平台——data. gov 门户网站。其他一些发达国家，包括欧盟成员国、澳大利亚、韩国、日本等国家政府也都意识到了数据的开放和共享的重要性，纷纷公布了数据开放和共享的相关行动计划。在这方面，中国很多地区政府也已经意识到了数据开放共享的重要性，并积极行动起来，特别是上海、浙江、江苏、贵州等大数据基础较好的先进省市，都已经不同程度地推动实现了政府数据的开放和共享。举例来说，G 省 F 市在数据开放和共享方面就已经比较成熟，搭建起了政务云服务平台，取得了政府和公众共同参加国家治理的良好互动效果。

第二，有效提高了国家治理心态的包容性和数据分析的精确性。

当前，随着社会民主政治的不断发展，社会公众对于国家治理的参与诉求越来越强烈，对于国家治理理念、治理方式作出与时俱进的变革逐渐成为时代要求。现代管理科学的不断发展，社会新技术革命的不断深入，也使得普通社会公众参与到国家治理实践当中具有了更加有利的条件和更大的可能性。政府必须适应社会的这种发展变化，不仅要在国家治理实践中充分反映管理者的要求和意图，而且要更加重视在国家治理实践中积极回应民众诉求。这就要求用服务的理念取代以往管理或是控制的理念，更加强调维护国家公民、企业组织、社会团体等治理对象的利益。

从这个角度来说，国家治理部门的所有治理实践，都应该树立明确的服务意识。国家治理有关部门在制定和执行政策时，就要更加重视树立和践行“公仆”意识，要把国家治理的重点放在更好地服务民众，而不是维护政府部门自身权威和自身利益上。这必然要求国家治理部门具备更加包容的工作心态，积极构建一种有利于与社会各类主体进行平等协商和友好对话的数据平台。唯有如此，国家治理的有关部门才会真正切实践行公仆精神，把自己的治理行为牢牢定位为维护公民权利、维护公众利益，并且使其贯穿于国家治理实践的始终。而大数据时代的到来，为拉近国家治理部门和社会各类主体之间的距离提供了更加便利的条件。特别是大数据平台的构建，相当于在二者之间搭建起了一座相互沟通的桥梁，通过这座桥梁，国家治理部门可以采用一种类似“社交”的方式实现与各类社会主体的有效沟通和交流，可以更加近距离地倾听来自于不同领域、不同层面的社会公众声音，这当然就有利于增强二者之间的相互理解和相互包容了。

大数据时代推进国家治理现代化，本身就要求包括政府部门和社会公众在内的多元主体共同参与，同时还要求各方树立大数据的理念，善于自觉能动地运用数据分析工作，这样才可以有效提升国家治理效能，进而推进国家治理体系和治理能力现代化水平。《中国互联网发展报告 2021》数据显示，截至 2021 年上半年，中国网民规模已经达到 10.11 亿人，其中手机网民的比例高达 99% 以上，远远高出了其他国家网民规模水平。在数字信息技术发展方面，随着中国持续推广 5G、物联网、云计算、人工智能、区块链等新技术，广大网民也越来越积极和高效地参与到国家治理中。当然，相比美国、英国、日本等一些发达国家，中国数据分析和处理能力仍然相对落后，将数据运用于国家治理实践的效率还相对低下。对此，我们还是要保持高度的清醒意识，正视自身的不足和差距，大力运用大数据的理念和方法提升对于数据资源的开放和利用水平，尤其是要从思想理念上提高认识，尽可能避免由于理念落后而在实践中不能科学把握运用大数据提升国家治理水平的方向。

（二）大数据推动国家治理模式实现科学性转化

在大数据时代，国家治理的指导理念、主体客体、技术方法、内容重点等都发生了很大改变，与此相对应，国家治理的模式也要跟上时代变化要求不断实现创新性发展和科学性转化。大数据理念、技术和方法的飞速发展和逐渐应用，为国家治理注入了强劲的发展动力。对于国家治理来说，理念更新和技术变革必然会引起治理方法的更新、治理模式的转变，并且会成为推动国家治理体系和治理能力现代化的关键要素。国际国内很多政府管理部门都已经有了社会共识，开始重视把大数据运用于国家治理实践。

前文所述的《大数据贵阳宣言》就明确指出，大数据时代的政府公共服务、社会综合治理、经济宏观调控、市场监督管理、智慧城市建设等国家治理的各项内容，都会不可避免地受到大数据理念和技术方法的积极影响，国家治理大数据的开放和共享，会推动形成一种政府主导、社会多元主体共同参与的协同治理新机制、新模式，借助这种用数据说话、用数据管理、用数据服务的全新国家治理机制和模式，国家治理会越来越透明、高效，国家治理的效能会大大提升，服务型、廉洁型、责任型政府建设水平也会显著增强，国家、地区的核心竞争力也会因此而不断提高。

具体来讲，以大数据等先进理念和技术手段增强国家治理的科学化水平，至少可以在以下六个方面发挥重要积极作用。

其一，在促进国家治理的民主化方面发挥积极作用。国家治理的要旨在于多元共治，这同时也是治理的要旨所在。国家治理要想取得良好效果，除了党委和政府方面要发挥主导和引领作用，还要充分发挥社会公众的积极协同作用。只有社会公众以不同方式积极参与国家治理政策制定、贯彻实施、监督落实等各个环节，国家治理才能更好地满足人民需求，维护人民利益。从这个角度来说，它也是社会主义基层民主的一种重要实现形式。在传统管理模式下，政府是国家治理的主要力量，国家治理的有关工作都是依托政府及其相关部门来完成的。进入大数据时代则不然，随着国家治理任务的日趋多样化、复杂化，单一的政府主体已经很难高效完成国家治理各项工作，必须充分发挥民主的力量，只有广泛吸收社会多元主体的共同参与才能有效提升国家治理水平。“在人们接触互联网的任何地方都可以找到所需要的信息，诸如此类的能力标志着权力的重要转移。”① 大数据技术的出现，为有效拓展治理主体提供了必要保障，借助大数据的力量，各类社会主体都能够不同程度地参与到国家治理工作中去，并实现有效的协同配合，进而提升国家治理水平。充分发挥大数据、云计算、人工智能等最新科学技术在国家治理中的推动作用，无疑是有利于推进基层群众更积极、更有效地参与到国家治理实践当中去的，也有利于推动建成人人有责、人人尽责、人人共享的社会治理共同体，进而推动基层群众共同享受社会治理成果。

其二，在提升国家治理效能方面发挥积极作用。习近平强调，要坚持、巩固、完善和发展好中国国家制度和国家治理体系，“不断把我国制度优势更好转化为国家治理效能”②。对于国家治理来说，充分运用好现代科技无疑能够有效提升治理效能。因为大数据、云计算、人工智能等这些最新技术手段，能够科学汇集和分析乡村地区不同群体、不同层次的治理需求，进而有利于党委和政府等相关部门制定科学合理的治理政策和方案。同时，在国家治理实践当中深度运用大数据的理念、技术和方法，还能够有效整合各方资源，充分发挥各方协同作用，推动形成治理合力，推进实现整体性治理、关联性治理、动态性治理，从而更加有利于突破各种门槛限制，形成跨地域、跨领域、跨部门、跨层级的联动治理和服务能力，从而进一步实现国家治理效能的大幅提升。

其三，在提升国家治理智能化水平方面发挥积极作用。当今我们已经处于一个信息化、数字化时代。提升治理的智能化水平是顺应现代科技发展趋势的必然要求。而衡量治理智能化水平的重要标志和标准就是大数据、云计算、区块链、人工智能等最新网络信息技术在国家治理实践中的应用广度和深度。对于国家治理来说，充分运用好大数据，可以有效提升其智能化水平，从而更加主动而又精准地解决很

---

① ［美］简·E. 芳汀：《构建虚拟政府：信息技术与制度创新》，邵国松译，中国人民大学出版社 2010 年版，第 30 页。

② 《习近平谈治国理政》第 3 卷，外文出版社 2020 年版，第 124 页。

多治理方面的难题。国家治理要适应新时代的要求，切实把握住现代科技发展大势，必须强调运用适应数字信息技术发展潮流的治理模式和方法，既要在思想意识方面强化运用大数据的理念和方法提升国家治理水平，又要充分运用好大数据技术使得国家治理向着更加智能化的方向发展，推进实现源头治理、协同治理、整体治理和系统治理。

其四，在提升国家治理协同化方面发挥积极作用。在小数据时代，由于数据的分散和收集处理技术的落后，国家治理的碎片化、模糊化是难以避免的现实问题。这就很容易导致国家治理各个部门不能实现协同运作，出现各自为政的工作局面。除此之外，各个政府管理部门由于功能重叠、职能交叉、沟通不畅、信息不共享等原因，会出现针对某一项或是某一类公共治理事项重复采集和分析数据的现象，这必然会大大降低国家治理的工作效率，甚至还会造成数据资源和其他社会资源的巨大浪费。大数据技术方法的出现，可以把各个部门的碎片化数据有机整合起来并进行系统分析，无疑可以为科学解决这个难题提供必要条件。将大数据运用于国家治理领域，可以有效消除“信息孤岛”和“数据烟囱”问题，使得各管理部门通过大数据平台实现数据共享。这当然有利于实现政府各管理部门的协同合作，进而推动建立科学有效的协同治理新模式。举例来说，荷兰政府前些年曾经推出了一项数据三角洲工程，旨在研究如何通过协调环境、税务等部门的治理资源，借助大数据的预测和协调机制，优化国家的防洪策略。通过实施这项数字工程，荷兰政府不仅大大提升了国家水资源系统的科学治理水平，而且节省了大约15%的相关国家预算。

其五，在提升国家治理透明度方面发挥积极作用。大数据引用至国家治理领域，可以大大提升治理透明度。在传统国家治理模式下，由于数据信息的不对等和互动交流的不通畅，国家治理的透明度不高，社会公众很难对国家治理的全过程进行全面了解，更难有效参与其中。这必然会在一定程度上造成监督政府难的客观问题，同时也会在某种程度上引发“权力寻租”问题和各种腐败问题。大数据时代的现代化国家治理模式，强调的是数据信息的开放与共享，强调的是社会多元主体的共同参与、协同共治，这必然会要求提升国家治理的透明度和开放性。国家治理实现了透明化，国家治理的有关决策和措施就能更加容易使社会公众理解和支持，各种社会矛盾也就更容易得到有效防范和化解。在这一过程中，大数据无疑可以发挥出重要作用。随着大数据技术的不断成熟和完善，社会公众越来越能够便捷、高效地了解国家治理的全过程，在这种情况下，政府管理者很难再进行暗箱操作和“权力寻租”，国家治理的透明化和开放化也会日益成为必然趋势。

其六，在提升国家治理精细化方面发挥积极作用。在传统国家治理模式下，国家治理从有关政策的制定到具体措施的执行，大都是基于政府管理部门领导等少数人的理解、判断而进行运作，就涉及面来说，相关举措也往往是基于某一领域、某一地区的国家治理经验而实施。这种治理方法或模式都是一种政府占主导地位的国家治理思维，是一种典型的以个案分析为参考依据的行政运作。这种模式具有很大的局限性，既不能充分掌握影响国家治理运作的全面情况，又不能充分考虑到社会各阶层、各领域、各组织对于国家治理诉求的差异性，同时还不有利于统筹考虑不同地区之间的协调发展。这种情况下的国家治理运作实践，必然会在治理效能上大打折扣。大数据支撑下的国家治理运作则可以有效克服以上不足。国家治理部门利用大数据的技术和平台，可以将各领域、各层面、各区域的综合数据整合运用，这样就可以大大提升治理决策的精细化和针对性，同时也使得国家治理运作更具有权威性和公信力，从而有助于提升国家治理现代化水平。

（三）大数据推动国家治理组织实现系统性转型

作为一项具有划时代意义的技术性突破，大数据对于国家和社会的影响是多方面的，它在引领人类社会从知识和信息时代迈入智能时代的同时，也引导国家治理进入一个新的智能时代。大数据的技术和方法被广泛应用于国家治理实践，能够使得政府管理部门更加精确把握人与人之间、社会组织之间的分工和合作，更好地实现各项治理工作之间的任务衔接。智慧化的治理方式必然需要智慧化的组织架构体系与之相配合，这就需要作为国家治理主导力量的政府管理系统在组织构架方面作出相应调整或者变革。

大数据首先兴起于自然科学领域，然后又慢慢渗透至人文社会科学领域，接着又逐渐进入企业等社会组织管理领域和国家治理领域。无论是对于企业组织或是政府部门，要实现适应大数据时代要求的管理或治理，都必须对其组织架构作出相应变革，真正构建起稳定、高效的科学组织架构体系。大数据对于企业管理领域的影响，特别是对于一些国内外知名的互联网企业管理的影响，是早于对国家治理的影响的。其原因很简单，就是这些高科技企业更早地掌握了大数据技术，能够更加迅速地适应大数据时代的要求。比如，谷歌、亚马逊、腾讯、百度、阿里巴巴等国内外高科技网络企业，由于其得天独厚的优势条件迅速适应了大数据时代的要求，它们及时运用大数据的新理念、新技术、新方法在组织架构方面进行了深刻变革，其中最突出的一点就是实现了管理的扁平化，大大提高了管理效率。

对于国家治理领域而言，由于传统科层制的组织架构体系已经运行多年，其影响根深蒂固，国家治理的有关部门从思想认识上的转变到利益藩篱的打破，从组织架构的调整到组织架构的完善，都需要一个相对长期的过程。这就导致了国家治理组织架构体系的变革要滞后于企业组织。

在传统的国家治理体系结构下，整个组织架构更多地表现为一种官僚科层制的组织体系。这种组织体系更多强调的是各组成部门的纵向等级逐层领导、横向分工合作，其理想的运作效果，是要在各级政府之间、同级政府部门之间、工作人员之间进行有机衔接、共同合作，一起推进实现国家治理的工作目标。这种组织架构在小数据时代是可以有效发挥作用的。然而，到了大数据时代，由于国家治理需要处理的社会公共事务更加复杂，面临的情况更加多变，国家治理需要政府各层级有关部门更加强调协同运作。如果再继续沿用这种传统的科层制组织架构体系，那么就会不可避免地造成决策周期长、措施效率低、回复诉求慢等各类治理效能低下的问题。而大数据本身就具有可以有效去除层级化的先天优点，同时也有利于推动建立扁平化的组织架构。在大数据技术和平台的支撑下，国家治理的各个环节和内容，比如行政审批制度的改革和创新，推进简政放权和加强市场监管，优化服务社会公众的流程再造等，都可以在大数据的帮助下实现层级、程序和模式的简约化，从而有效推进国家治理体系和治理能力的现代化。

大数据被引入国家治理领域以后，由于数据的开放和共享以及数据分析能力的大大提高，国家治理从政策的制定到落实都有了更加充分的数据来支撑，决策效率也得到显著提升，社会民众对于国家治理效能的发挥也更加期待。在这种情况下，原来的科层制的国家治理组织体系显然已经很难完全适应时代要求，特别是在数据信息量非常大且分析任务又比较重的情况下，过长的数据信息传递链条将会使得数据信息的真实性和有效性大大降低，致使国家治理的相关举措也不能更加具有针对性和时效性，因此，必须向着扁平化的方向转型。从另一个角度来说，大数据国家治理条件下的数据开放和共享，将在很大程度上拉平由于信息不对称而造成的各层级部门的鸿沟，参与国家治理的政府各部门不再像过去那样，需要层层上报和层层下传，利用大数据的技术和平台，各部门将彻底改观过去那种冗长又低效的上报—决策—下达的传导过程，都能够迅捷地获取有关公共事务信息，并及时、高效地采取相关措施。在这种情况下，如果还采用过去那种科层式的组织架构显然会增加过多环节、降低治理效能。

在现代社会条件下，社会公共事务日趋复杂多样化，有很多社会事务的治理经常会涉及多个政府机构或需要多部门联合参与，经由大数据的技术和平台整合了相关数据资源，国家治理工作效率可以得到大大提升，过细的部门设置和过多的专业分工不仅不会提升治理效率，有时反而会成为掣肘之举。只有构建起了扁平化的组织架构体系，尽可能减少中间不必要的治理环节，才能够更加适应大数据国家治理的需求，有效整合各治理部门的人力、物力及财力资源，推进国家治理工作高效进行。例如，美国政府一直以来都非常重视运用大数据技术提升治理水平，在这方面也一直走在世界各国前列。早在2006年，美国就在堪萨斯、马里兰等州的警务系统进行了适应大数据的扁平化改革。他们通过利用大数据的关联性分析了20多年来的犯罪数据和交通事故数据，发现二者的关联度非常高，交通事故的高发时段往往也是犯罪事件的高发时段。找到了这个规律之后，他们就整合了国家高速公路交通安全管理局、国家司法援助局和国家司法研究所等相关机构和部门，形成了一支扁平化的管理综合执法队伍，运用数据分析进行联合治理，取得了及时有效处理和遏制违法犯罪的良好效果。

由此可见，将大数据应用于国家治理领域可以有效推进科层制组织架构体系向扁平化组织架构体系转型。大数据之所以能够推进这种转型，是因为它能通过快捷的数据开放和共享，加快治理信息的传导速度，简化治理运作的行政程序，减少过多的治理环节，从而大大提升国家治理的效能。大数据应用还有利于减少国家治理的运作成本，使得政府方面适当减少甚至是直接取消中间不必要的管理组织或机构，推进金字塔式的科层制组织架构体系转向扁平化。将大数据的理念和技术方法运用于国家治理，并使其治理组织体系实现扁平化转型，从政府层面来讲，有利于提升国家治理的辐射宽度，从过去更多地注重经济发展和政治稳定职能而现在更多地重视经济、政治与社会、文化、生态等职能并重转型，使其治理措施能够更好发挥出综合效能；从社会公众层面来讲，则有利于改变人们心目中政府是“高高在上的官僚机构”的传统形象，使得政府服务于民的公仆形象更加深入民心。

三　大数据是国家治理决策的战略资源

大数据时代的到来，使社会各界的人们越来越多地开始关注数据信息的重要价值。对于国家治理来说，大数据的重要价值之一就是它可以为当政者决策提供帮助和支撑，从而有利于提高国家治理效能。基于大数据的逻辑思维和方法，可以帮助决策者实现决策的精准性、前瞻性及科学性。

（一）决策是国家治理的核心要素

国家治理决策是指党政机关及其领导层在其治理区域和领域范围内，对经济、政治、文化、社会和生态文明等各方面建设进行谋篇布局、制定规划、推出政策、采取举措的综合过程。一项决策的作出，往往意味着各方面利益结构的调整，因而会在一定层面、一定领域内引起各种不同程度的反响。党的二十大报告就明确强调了决策的重要性，提出要“坚持科学决策、民主决策、依法决策，全面落实重大决策程序制度”①。

决策有三个关键要素，那就是科学、民主和依法。2019 年 5 月，国务院公布了《重大行政决策程序暂行条例》（下文简称《条例》）。《条例》共设 6 章 44 条，对重大行政决策事项范围、重大行政决策的作出和调整程序、重大行政决策责任追究等都做了详细规定。始终贯穿其中的一条主线就是切实做到科学决策、民主决策和依法决策。

所谓科学决策，实际上指的是一种基于理性思维的决策方式。这种决策方式要求决策部门具备科学的决策思维，善于运用科学技术手段。《条例》第五条针对如何科学决策作出了明确规定：“作出重大行政决策应当遵循科学决策原则，贯彻创新、协调、绿色、开放、共享的发展理念，坚持从实际出发，运用科学技术和方法，尊重客观规律，适应经济社会发展和全面深化改革要求。”关于科学决策的具体实施要件，《条例》的有关条款也作出了详细规定，概括起来主要有以下几点。

第一，决策事项在提交至决策部门之前，要对决策所要解决的问

---

① 习近平：《高举中国特色社会主义伟大旗帜 为全面建设社会主义现代化国家而团结奋斗——在中国共产党第二十次全国代表大会上的报告》，人民出版社 2022 年版，第 41 页。

题、理由、依据、措施等内容进行必要的研究论证，根据论证的结果决定是否进入决策程序。

第二，决策部门一旦启动了决策程序，就要根据分析论证情况拟定决策草案，并对决策事项所涉及的各类人力物力财力的成本进行合算，对决策可能产生的社会综合影响进行分析评估。

第三，科学决策，特别是对涉及专业性和技术性较强的事项进行决策，必须有第三方的专家论证环节。《条例》专门针对这一点作出了详细规定，涉及如何组织专家论证、如何确保所选机构和专家的专业性、代表性和中立性等。

第四，进行科学决策，离不开风险评估。《条例》指出："重大行政决策的实施可能对社会稳定、公共安全等方面造成不利影响的，决策承办单位或者负责风险评估工作的其他单位应当组织评估决策草案的风险可控性。"由此可见，风险评估的结果对于决策部门能否进行科学决策具有十分重要的影响。

第五，科学决策要求决策部门根据形势发展变化不断适时调整决策。如同《条例》所规定的："决策执行单位发现重大行政决策存在问题、客观情况发生重大变化，或者决策执行中发生不可抗力等严重影响决策目标实现的，应当及时向决策机关报告。"

关于民主决策，就是既能够充分体现民主集中制原则又能够充分反映民众意愿的决策。这在《条例》的第六条中有着明确的具体规定："作出重大行政决策应当遵循民主决策原则，充分听取各方面意见，保障人民群众通过多种途径和形式参与决策。"对于如何推进民主决策，《条例》有关条款同样作出了详细规定，概括起来主要有以下几点。

第一，由人大代表、政协委员或是社会公民、法人和其他企事业组织建议的决策事项，应该先经过必要的论证程序后再提交至决策部门决定是否启动决策程序。

第二，为保证公众参与决策的民主权利，《条例》规定，除了依法不予公开的决策事项，"决策承办单位应当采取便于社会公众参与的方式充分听取意见”“决策事项涉及特定群体利益的，决策承办单位应当与相关人民团体、社会组织以及群众代表进行沟通协商，充分听取相关群体的意见建议”。为确保民主决策落实到位，《条例》还规定了决策事项向社会公开征求意见及必要时召开听证会的环节。

第三，决策部门应该对社会公众或是专家建议作出积极回应，特别是对于社会公众普遍关心的和那些专业性、技术性较强的重大决策事项，决策部门要明确说明其对决策事项有关意见和建议的采纳情况。

第四，决策的过程必须是贯彻民主集中制的结果。这就要求决策事项必须提交至决策部门的常务会议或是全体会议上进行集体讨论和共同商定。当主要领导作出了和其他多数人员意见不一致的决策时，必须说明决策的理由和依据。

第五，为了体现决策的民主性，决策以后的评估阶段同样也要吸收社会公众、人大代表和政协委员的积极参与，这样才能使国家治理“更好体现人民意志、保障人民权益、激发人民创造，确保人民依法通过各种途径和形式管理国家事务，管理经济文化事业，管理社会事务”①。

依法决策，顾名思义就是决策必须有充分的法律和法规作为依据。特别是在全面依法治国和建设法治政府的总体要求下，行政决策必须按照法治的思维和方式来进行。《条例》的第七条明确提出："作出重大行政决策应当遵循依法决策原则，严格遵守法定权限，依法履行法定程序，保证决策内容符合法律、法规和规章等规定。”关于推进依法决策的具体要求，《条例》的有关条款也做了决策必须进行合法性审查的细致规定。

第一，合法性审查是决策的必经环节。“决策草案提交决策机关讨论前，应当由负责合法性审查的部门进行合法性审查。不得以征求

---

① 《中共中央关于坚持和完善中国特色社会主义制度 推进国家治理体系和治理能力现代化若干重大问题的决定》，人民出版社 2019 年版，第 10 页。

意见等方式代替合法性审查。决策草案未经合法性审查或者经审查不合法的，不得提交决策机关讨论。对国家尚无明确规定的探索性改革决策事项，可以明示法律风险，提交决策机关讨论。”

第二，合法性审查的材料必须完备，且符合法定权限、法定程序和国家政策规定。“送请合法性审查，应当提供决策草案及相关材料，包括有关法律、法规、规章等依据和履行决策法定程序的说明等。提供的材料不符合要求的，负责合法性审查的部门可以退回，或者要求补充。”

第三，负责合法性审查的部门应当及时提出合法性审查意见，并对合法性审查意见负责。“在合法性审查过程中，应当组织法律顾问、公职律师提出法律意见。决策承办单位根据合法性审查意见进行必要的调整或者补充。”

决策在国家治理过程中居于核心地位并会产生关键影响。因为一项决策一旦作出，就会产生牵一发而动全身的效果，会涉及社会各个层面、各个领域利益结构的调整。在这种情况下，倘若决策出现失误乃至是错误的，那就必然会对个体、集体甚至是国家造成一定程度的不良影响和损失。当前社会已经进入了信息时代，决策者光靠个人知识和管理经验已经很难对一些涉及面广、纷繁复杂的事项作出科学决策。在现代信息社会环境下，决策者要克服“拍脑袋”作出决策、“案例式”参考决策等传统决策方式下的种种弊端，以现代化治理理念推进实现决策科学化，更好地服务于社会大众，必须作出适应现代治理方式的一系列革新，特别是要善于运用大数据等现代信息技术促进决策的科学化。

当前社会已经进入大数据时代，伴随着数据采集和处理技术能力的不断提高，决策部门能够获得的数据不断趋向海量化，决策者可以通过数据进行“全景式”分析和研判有关决策事项。在这种情况之下，决策者往往就比较容易和可能作出一些更加具有针对性、前瞻性的准确决策，从而使得决策变得更为高效和科学，同时也大大降低了由于情况掌握不全面、不准确而导致的决策风险程度。“假设虚拟政府是一个用因特网作为技术和信息基础的网络政府，决策者如果没有理解网络的特征及其发展过程，他们就不能对虚拟政府的发展施加控制。"① 运用大数据技术和方法，决策者可以全视角地获取整体原始数据，把接近于全面的数据整合利用起来，为科学决策提供重要依据。因此，政府部门的决策机制要从"业务驱动"转变为"数据驱动"，提高决策的科学性，在管理和决策中充分运用大数据技术与思维，并据此准确地分析判断，快速掌握决策依据、优化决策过程、跟踪决策实施。这种基于大数据理念和技术作出决策的方式，将更容易克服"感性"，变得更加"理性"，在很大程度上改变了政府决策的方式、方法和机制，使得数据决策逐渐取代经验主义的决策，有利于真正实现"数据驱动决策"，从而不断提升政府决策的科学化水平。

（二）大数据促进国家治理决策的原因分析

从数据信息学的视角来分析，国家治理过程中的决策必须建立在决策者已经掌握了完整数据信息的基础之上。具体来说，这种数据信息的完整性包含了以下三个方面的基本内容：数据信息的全面性、数据信息的时效性以及数据信息处理方法的科学性。数据信息的全面性，是指决策者在作出决策时，必须尽可能全面了解决策事项的有关情况，特别是要准确掌握跟决策密切相关的基本数据和信息，掌握的情况和数据信息越全面、越准确，决策的精准程度就会越高。数据信息的有效性，是指决策者用来决策的数据信息必须是及时、有效且能反映决策事项适时发展变化的，不能基于滞后甚至是失效的数据信息作出决策。数据信息处理方法的科学性，是指面对繁杂的数据信息，特别是大数据时代的海量数据信息，决策者必须具备大数据的思维和方法，运用科学的手段来处理自身所掌握的数据信息，然后才能依据数据处理结果作出科学决策。

---

① 于翠平、曹文杰：《网络治理视角下公共服务供给模式研究》，《理论观察》2013年第6期。

国际著名统计学家爱德华·戴明（Edward Deming）非常重视数据在决策当中的重要作用，他甚至这样说过："除了上帝，任何人都必须用数据来说话。"[①] 当前，人类社会已经发展至数字信息时代，数据在决策当中的作用更是尤为重要，特别是对于有着浓厚"人治"文化传统背景的中国而言，"建立健全用数据说话的决策体制机制，不断增强政府决策的精准性、预见性和公平性"[②]，更是显得尤为迫切。

作为一种方兴未艾的新理念、新技术、新方法，大数据理念和技术方法的运用和推广，可以方便快捷地集成各领域各方面信息资源，为决策部门提供决策必备的数据支撑和重要参考，从而有效推进解决这个重要问题。

第一，大数据之所以能够提升国家治理决策水平，是因为它大大克服了传统治理数据掌握不全的弊端。对于国家治理决策来说，离不开对政府运作状况、市场所处环境、社会存在问题的把握和研判，而做好这项工作，必然要掌握一定的数据和信息。在小数据时代，囿于技术手段等限制，决策部门获得的信息都不是全景式的综合信息，因而往往只能通过定量或是定性或是两者相结合的方法分析研判有关情况。作为定量分析来说，往往只能采取抽样调查、实地访谈等来搜集样本数据。这种方式下选取的样本再科学再合理也不可避免地会存在片面性和偶然性，作出的相应决策也往往不能充分反映事务全貌和符合绝大多数人的需求。同样的道理，定性研判的方法也往往存在主观性、片面性的弊端，不管是基于专家建议或是基于官员经验作出的决策，都或多或少会存在这方面的问题。在大数据时代，随着数据搜集和分析处理技术的发展，这些问题都会得到更加容易的解决，因为决策部门掌握的是全面数据，反映的情况肯定比样本数据更为全面和准

① 陈潭：《治理的变革：网络空间的意义世界与行动逻辑》，人民出版社 2017 年版，第 135 页。

② 黄未、陈加友：《创新行政管理和服务方式 推进数字政府建设》，《贵州社会科学》2019 年第 11 期。

确，基于此作出的相关决策自然也就更加符合社会需求，更加有利于解决实际问题，更加有利于照顾到不同社会阶层、不同社会群体的诉求。

第二，大数据之所以能够有效提升决策水平，非常重要的一点是因为它可以“通过交叉复现，直抵事实的真相”[①]。国际著名大数据专家舍恩伯格在其重要的理论著作《大数据时代》中曾经深入浅出地分析了什么是交叉复现。他举例说，对于每一个孕妇来说，其饮食口味和消费习惯都是有一定规律可循的，但是这种规律不能通过其一次或是几次消费就可以发现，而是要通过全面统计其消费信息，重点抓取不断重复和交叉出现的消费数据，进而对其消费习惯、消费能力、消费方式等内在规律性东西形成科学判断，这就是一种利用大数据交叉复现特性来发现事务特性的典型例子。而对于政府决策部门来说，同样可以利用大数据交叉复现特性来对决策事项作出科学研判，从而有效提升决策水平和能力。

大数据交叉复现的这种特性，可以帮助上级决策部门通过对各种数据信息的多维度分析，更好地判断下级决策部门作出决策的依据是否准确和科学，从而采取相应措施。比如，中央部门可以通过遥感卫星收集的综合数据获得各地耕地的数量情况，再结合历史上的气候状况和相应产量等数据信息，充分运用大数据的技术和方法，就可以比较精确地估算出各地粮食的实际产量，这样就可以和各地上报的有关产量信息作出比较分析，从而作出有利于跨地区农业相关产业政策的调整和统筹及规划。

第三，运用大数据提高国家治理的决策水平，还在于大数据能够把看似风马牛不相及的事物有机关联起来。在大数据时代，数据信息技术革命正在悄然重塑着国家治理的决策机制，特别是大数据的关联性分析可以把看似没有关系的海量数据有机联系起来，使得数据资源

① 高小平：《借助大数据科技力量寻求国家治理变革创新》，《中国行政管理》2015年第10期。

的开放和利用更加精细和深入，从而发现其中蕴藏的事物发展变化的客观规律。当然这就可以为决策者进行更加科学合理的决策提供技术支撑和参考依据，也有利于更好地解决相关决策难题。在大数据时代，决策体制必须作出相应变革，尤其是要注重运用数据把看上去关联性不强的有关决策的各个环节有机整合起来，这也是形成一个科学有效决策机制的前提条件。大数据时代的政府决策，一定要借助大数据的分析平台把海量的数据关联起来进行综合研究，要擅长从纷繁庞杂的数据海洋中探寻事务的内在联系，对事务发展的前景作出前瞻性的判断，这样才能科学把握事物的发展变化规律，及时发现和化解潜在的社会矛盾和自然危机。

比如，美国早在2011年就曾做过一项实验，把传感器安装到大约2000辆公共汽车上，用以采集车辆在行驶中收到或遇到的温度、露水、湿度、光照等气候数据，并把这些数据及时传送至国家气象中心，大大提升了天气预报的精确度，从而有效提升了政府从容应对自然灾害的能力。再比如，卫生医疗管理部门可以通过大数据的技术和方法，获取辖区居民的全面健康数据信息，同时再把不同行业、不同领域的行为数据和健康数据关联起来进行分析，打造一个综合性的居民健康状况分析评估平台，这样就有利于推进科学决策，为不同领域的社会公众提供更加人性化的精细医疗服务。又比如，交通管理部门可以运用大数据的技术方法，通过物联网相关仪器的综合监测，及时掌握辖区路面的损毁情况、地形变化情况以及周边油气管道是否存在泄漏情况，这样就可以采取预判式决策，及时排除诱发交通事故的各种隐患，从而有效降低交通安全事故发生的概率。由此可见，大数据的这种关联性分析，可以帮助决策部门将风险治理的不确定性向着可控性转变，进而更好地推进风险治理，更有效地化解社会危机。

第四，大数据之所以能够有效提升国家治理决策水平，是因为它能够大大增强决策的针对性。在小数据时代，传统统计学在分析有关数据时，一般不会遇到也不具备分析规模庞大的海量数据的能力，而在大数据时代，由于运用了相关技术和方法，这一切将不再是问题。

由于大数据善于抓取关联性信息，重视分析对决策结果会产生直接或间接影响的核心要素，而不是更多地关注因果关系，因而基于这种方式的决策也会变得更加具有现实针对性。因为决策者所能掌握的数据是全面的，能够直接比较客观地预测到事物发展变化的趋势，没有必要再通过因果关系的推理去获得相关结论。这就如同抛硬币试验，如果得到的数据是全面的，比如一共抛了一万下，我们全面统计了其某一面朝上和朝下的次数，得出的数据也就是确定和唯一的。而不像通过样本的分析，比如只抛了一百下，就根据其某一面朝上和朝下的次数推测出抛一万下其某一面朝上和朝下的结果。由此可见，如果决策者在对某一事项进行决策时，掌握的是全面数据，那么在决策时就有了更加客观和准确的依据，从而也就能作出更加具有针对性的决策。当然，这种重关联性而轻因果性的决策也存在一定的弊端，因为关联性分析毕竟不可以像因果性分析那样有着更为理性的认识，也就很难直接找到那些对事物发展产生关键影响的核心要素，因此，即使是在大数据时代，决策者也不能单单运用大数据分析研判决策事项，而是要结合个人经验等理性认识进行综合决策。

（三）大数据有助于提升国家治理决策水平

在国家治理的综合过程中，决策无疑居于核心地位，也是充分发挥国家治理效能的关键要素。进入大数据时代，随着数字信息技术的不断发展，社会公众诉求可以被视为是一种数据化的信息表达，每一位普通群众或是每一个社会组织都可以通过信息化、数据化的方式来表达其意愿和想法。这些一个个的“微”数据会逐渐汇成纷繁庞杂的海量数据，决策部门通过大数据的技术和方法，可以及时有效地处理和分析这些数据信息，进而做到准确把握社会公众诉求热点、难点及对政府决策的期望所在，从而为决策提供防微杜渐式或是前瞻判断式的科学决策。当然，在这个过程中也要理性看待网民数据，学会甄别有用数据和信息。“网民大多数是普通群众，来自四面八方，各自经历不同，观点和想法肯定是五花八门的，不能要求他们对所有问题都看得那么准、说得那么对。”①

具体来说，大数据促进国家治理决策主要是通过以下几个提升来实现的。

1. 在决策依据方面，由小数据样本提升至大数据全面信息

大数据时代的国家治理决策，其决策者所依据的不再是通过传统调查和抽样统计所得来的小数据样本，而是接近于反映事物全貌的巨量数据信息。这种大数据的大样本分析，能够使得决策者有效克服小数据时代数据搜集和处理能力不足的缺陷，有效弥补抽样样本忽视细节、着眼局部、缺乏系统性等先天性不足，更加全面地掌握综合情况，从而可以大大提高决策的针对性、有效性甚至是前瞻性。

在大数据时代，人们获取和分析数据的能力有了本质提高，这使得政府在运用数据进行决策时可以不再仅仅依靠小数据的样本分析，而是可以更多倚重于大数据的分析。作为决策部门来讲，决策者可以把原来广泛分布在不同领域、不同部门、不同组织、不同主题下的数据整合起来统一使用，这在无形当中大大扩大了相关数据规模，为下一步的科学决策准备了基本保障条件。与此同时，这些数据规模的扩大还带来了质量的提高，各种数据整合在一起形成数据合力，可以更加科学地反映事物发展变化的内在联系和客观规律，也便于决策部门采取更为高效的决策工作方式和提升决策执行效率。小样本数据和大数据的最直观区别就是数据样本规模大小的不同。小数据的样本分析，注重的是选取样本的代表性、典型性，往往是通过选取样本的方式进行分析和研判，试图从特殊到一般的分析来认识事物整体的真实状态。这种小样本分析尽管具有一定的科学性，但终归不能准确反映社会公众诉求，当然也就很难使得政府决策做到准确、合理。这其中最重要的原因，当然是由于小数据时代数据信息的搜集、处理等技术还不够发达，由此导致了数据信息的获取成本比较高、传播速度不够快，再加上分布领域、学科、视角的不同和信息交流不畅，致使决策

① 《习近平谈治国理政》第2卷，外文出版社2017年版，第336页。

部门要付出更大的努力和更高的成本才能获得相关信息来推进决策。

而大数据的分析则可以有效克服以上不足，由于数据数量大和类型多等原因，决策者可以获得足量的数据信息，是接近于全样本分析的，分析的结果自然也更加接近于事物的真实面貌，基于此所作出的决策当然也就更加具有前瞻性和针对性，更能紧紧扣住社会公众的政治诉求。这是因为大数据的分析是依据海量的数据库而进行的。这种利用互联网、传感器、物联网、智能终端等设备收集的信息所构成的数据库，可以通过在电脑上的虚拟社会全景式地反映真实社会，是一种现实社会的“数字镜像化”表达。决策部门和决策者可以通过现实社会的“数字镜像化”分析，“建构适用于宏观调控、市场监管、公共服务、社会管理、环境保护等各种应用场景的具象化模型”①，以此获取有利于提升决策水平的数据信息作为参考依据，进而作出科学化决策。当然，决策者即使利用大数据技术获得了接近于全部信息的决策依据，也不意味着他们就一定能够作出科学决策，因为科学决策本身就是主观和客观有机结合的产物。但是，获得了足够的信息支撑，至少为决策者作出科学化决策提供了必要前提条件。

2. 在决策时效方面，从静态化决策提升至动态化决策

决策视角下的大数据，不仅能够相对客观地反映事物发展变化的整个过程，而且这种反映还是连续不断和实时更新的。利用最新的大数据平台与分析技术，决策者获得的动态数据信息甚至是可以更新到分和秒的，这其中蕴藏的决策参考价值显然不是小数据样本采集得来的静态信息可以相比的。数据更新快，意味着决策者可以及时跟上事物的发展变化，缩短决策的反映周期，从而增强决策的及时有效性和现实针对性，同时还可以为决策及时执行赢得宝贵时间。

作为国家治理的重要目标，追求长期的和谐与稳定是决策部门作出决策时必须考虑的重要问题。在小数据时代，由于数据搜集、技术

① 翟云、程主：《论数字政府的“大问题”：理论辨析、逻辑建构和践行路向》，《党政研究》2022 年第 1 期。

处理等方面的限制，决策部门一般很难掌握决策事项的动态发展数据信息，而社会各层面各领域的数据信息流动也不像大数据时代那么频繁，这种情形之下政府在更大程度上采取的是一种静态化的治理模式，决策部门在作出相应决策时往往也是偏静态化的。进入大数据时代以后，随着社会各个领域、各个方面、各个阶层等都在发生日新月异的变化，各种社会要素的流动性、互动性显著增强，原有的静态化决策模式已经跟不上社会的发展变化了，不能适应时代的要求。这就急需决策部门运用一种全新的动态化决策模式来推进国家治理工作。这种基于大数据技术支持的决策模式具有科学、灵活、高效等明显特点，便于决策者及时和全面了解事物的发展变化信息，适时科学地判断事物的发展变化趋势，进而作出更加具有前瞻性、针对性的科学决策。

对于大数据来说，要想实现其预测功能，更好地服务于提升决策水平，首先必须建立在对海量数据进行动态分析和处理的基础之上。因为只有通过对数据信息的动态追踪和分析研判，才能搞清楚事物发展变化的客观规律和变动趋势，进而为推进运用大数据技术提升决策水平提供有力支持。事物永远都是发展变化的，相应的数据信息也是不断更新变动的，这就决定了基于数据追踪的决策不可能是一劳永逸的静态式决策，而必须随着事物的发展变化和数据信息的更新变动进行动态化渐进式决策。在这方面，大数据无疑是可以提供有力支持的。因为大数据预测本身就是在动态分析数据中得以实现的，它一方面可以促使决策部门及时改善决策措施，另一方面又可以使得决策更加具有时效性，有利于最终达到决策目标。美国的奥巴马在 2008 年参加总统大选时，其选举团队就已经开始注重运用大数据的技术和方法帮助他赢得选举。正是由于他背后有一个庞大的数据分析团队在积极工作，特别是对利用问卷调查、网络搜集等方式获取的大量动态数据信息进行分析处理，他才根据动态数据的分析结果不断调整和优化了选举策略，最终赢得了总统大选。

当然，大数据时代的决策也不是绝对动态式的，在更多情况下是动态和静态的有机结合。对于政府决策者来说，需要决策的事项有时就是对发生在某一个时间点的事件作出静态决策，决策执行完事件就处理完成了。有的事项则不然，需要长期的追踪研究并根据获得的大量数据资料进行分析才能作出正确决策，这可以被视为是一种动态的决策方式。而更多的事项则需要静态式决策和动态式决策的有机结合才能顺利完成。进入大数据时代，决策者可以运用大数据对决策事项进行横剖面式的跟踪分析，可以按照时间的顺序分析不同时间节点上数据变化的规律和走向，这样就需要根据事物的发展变化不断作出适时决策。每个时间节点上的静态决策组合在一起，反映的就是政府渐进式决策的全部动态过程。由此可见，政府决策者只有把静态决策和动态决策有机结合起来，才能推进实现大数据对于未来事物发展变化的预测功能，进而不断提升决策的科学化水平。

举例来说，新加坡就很好地利用大数据的预测功能推进实现了交通治理的科学化。众所周知，新加坡因为面积小、车辆多、人口密度大等原因，交通治理的难度比较大。为了解决好这个问题，新加坡政府开发了一套智能交通治理系统，把公共汽车、出租车、轻轨、私家车等车辆集成在一套交通系统内运行，同时还集成开发了道路信息、电子收费、车内导航等数据管理系统，这样就可以根据这一整套智能交通治理系统，帮助各类车辆更加合理地规划行车路径、出车时间，有效缓解了交通拥挤问题。

3. 在决策方法方面，从经验式决策提升至数据化决策

大数据时代的决策，决策者不再主要依靠传统经验、主观判断、思维范式等对事物的发展变化作出判断和进行决策，而是更多地依靠强大的数据搜集和分析系统，经过精密的运算和推演，从而作出更加客观、更加精准、更加理性的科学决策。这种决策方法的最大好处是决策依据不以人的意志为转移，能够最大限度地反映决策事项的客观面貌，进而降低决策者因为经验或能力不足而作出错误决策的概率。

人类社会在进入大数据时代之后，数据的搜集和处理技术都实现了长远发展，使得政府获得充分数据并用于提升决策水平成为可能。

由于大数据的“全景式”展示和数据分析能力的日益提高，政府决策所依据的数据越来越具有可信度和客观性，据此作出的决策自然也就越来越科学，决策失误所造成的社会风险概率也大大降低。这实际上在无形当中已经悄然改变了政府决策者依靠主观认识和直觉进行决策的传统方式，使得经验主义逐渐退出了主导地位，取而代之的是“数据推动决策”的新型决策方式。实际上，对于国家治理来说，大数据产生的一项非常重要的积极影响就是基于实证分析的“数据驱动决策”。大数据被运用于政府决策，可以借助大数据的思维和理念，获得最全面、最真实的原始数据，可以通过先进的数字技术最大限度地把来自各方面的海量数据进行全面分析，为决策者制定政策、出台措施提供更为科学的重要参考，从而快速有效地作出更加贴合实际的科学决策，并及时根据事情发展变化适时调整策略措施，这种特有的优势是传统经验主义的决策方式所不能比拟的。

需要注意的是，“数据驱动决策”也不是万能的。运用大数据的理念和技术提升政府决策水平，其前提是要获得全面、真实的海量数据。这就需要打破数据壁垒、整合数据信息、实现数据共享。然而现实中由于利益藩篱、体制机制、官僚主义等不利因素的影响，数据在政府各管理部门尚未充分实现共享，“数据孤岛”“数据烟囱”的现象还比较广泛地存在着。在这种环境之下，很多政府部门在作出决策时很难获得全景数据，由此带来的负面影响就是政府很难完全依靠这些碎片化的数据作出科学合理的决策，大大限制了“数据驱动决策”的效果。与此同时，大数据本身的特性之一就是重关联性分析而轻因果分析，如果数据的规模不是足够大，不能全面反映事物的本来面貌，那么基于此所作出的关联性分析就有可能是片面的甚至是错误的，作出的相应决策自然也是不科学的。基于以上两种原因，即使是进入了大数据时代，即使决策者有了大数据的分析处理能力，决策也不能单纯依靠数据分析作出，还是要适当结合经验分析，要适当采用样本分析，这样才能作出合理判断，有效去除数据对于决策可能产生的消极影响。由此可见，决策当中的“唯数据论”和“唯经验论”

都是不可取的，决策要想更为科学、更加贴合实际，还是要把二者有机结合起来。

4. 在决策主体方面，从单一化主体提升至多元化主体

在大数据时代，国家治理的决策必须以海量的数据搜集及其分析为重要参考，这个工作量是相当庞大的，仅仅依靠政府管理部门的力量是远远不够的，必须充分调动起企业、高校、智库、社会组织甚至是社会家庭及普通公民的力量才能完成。大数据理念和技术方法的运用，“使得任何一位具备信息技术素养的主体都能成为信息的生产者、传播者”①，这在无形当中就使得各类社会主体都参与到了国家治理的决策当中，同时也有利于让政府系统内部的各部门协调运作起来，加快消除各类“信息孤岛”，共同推动实现数据共享，从而为决策者作出决策提供更加科学的数据依据。

相比于传统的国家管理，现代国家治理的一个显著区别便是参与主体的多元化，与此相对应，国家治理的决策也应该是多元化的协同决策。大数据并不是“信息通信技术在公共事务领域的简单应用，而是一种更多地与政治权力和社会权力的组织与利用方式相关联的社会—政治组织及其活动的方式，涉及公众如何影响政府、立法机关，以及公共管理过程的一系列活动”②。人类社会发展到数字信息时代，国家治理的决策部门需要处理的公共事务日趋复杂化，即使是针对同一项公共事务的决策，也往往是牵一发而动全身，需要不同部门、不同组织甚至是不同个人共同参与进来才能顺利进行。如果缺少了多元主体的共同参与和协同，非常容易导致决策目标出现不一致的情况，甚至会引发决策矛盾和冲突。由此可见，多元主体能否有效参与到公共决策当中去是影响决策效果的重要因素。然而，在小数据时代，由于数据获取方式、技术手段等原因造成的掌握数据信息的不对称，不同决策主体对于数据信息的掌握是存在很大差别的，除了政府有关部

① 沈费伟、诸靖文：《数据赋能：数字政府治理的运作机理与创新路径》，《政治学研究》2021 年第 1 期。

② 王浦劬：《国家治理现代化理论与策略》，人民出版社 2016 年版，第 187 页。

门领导及密切相关人员外，其他主体是很难获取相关数据信息的，自然也就很难有效参加到决策当中去。进入大数据时代，大数据理念及技术的不断更新则很好地解决了这个问题，为多元主体共同参与到决策当中去提供了必要前提。

举例来说，将大数据的技术和方法运用于人口普查，不仅能够大大提高工作效率，而且可以为国家有关决策部门提供重要参考。人口普查作为一项纷繁庞杂的巨量工程，是事关国家经济社会发展全局的一项重要基础工作，需要有关部门和大量工作人员的共同参与，需要开展很多有计划、有组织的调查和数据搜集整理工作，这样才能全面把握人口的性别构成、学历构成、民族构成以及阶层分布、流动趋势等综合特点。这项工作如果开展得不好，国家有关决策部门就不能据此把握人口发展的客观规律，进而就不能作出科学有效的决策调整，统筹部署和科学规划人民群众的物质及文化生活。大数据的运用，为人口普查工作提供了便捷高效的工作方式，可以对人口构成、分布、流动等各领域特点进行精确分析。比如，中国很多数字信息技术比较发达的城市地区，已经开发了比较成熟的大数据平台，为做好人口普查这项重要工作提供了重要的保障条件。杭州、深圳、无锡等城市在人口统计和普查中，已经能够把公安、税务、教育、民政等部门的人口数据有效整合起来，实现了数据互通、资源共享，大大提升了人口统计和普查的工作质量，从而有效增强了多元主体的协同决策能力。

大数据能够有效推动多元主体共同参与决策主要基于以下几点原因。

第一，大数据可以把有关某一公共事项的所有数据集成在一个共同的载体平台。通过这个数据平台，不仅政府领导可以参考这些数据进行决策，其他社会组织、相关个人等也可以通过规范程序查阅这些数据，从而为积极参与到决策的全过程提供了可能。“网民在网络社会、虚拟时空中的活动不是完全孤立的，他们也如现实社会中一样，进行着具体的历史的交往实践，包括虚拟性的交往实践。”①

① 孙伟平：《信息时代的社会历史观》，江苏人民出版社2010年版，第272页。

第二，大数据理念、技术和方法的应用，能够有效整合多元主体的各方资源，有效提升决策水平。在大数据条件下，除了政府决策部门外，各方主体都能够通过互联网、物联网、自媒体等积极参与进来献计献策或是表达意见，这当然就给决策者提供了重要参考，可以更加科学地评估决策的社会效果。

第三，大数据还有利于决策部门本身不断提升工作水平。通过大数据的载体平台，决策者可以看到来自各方主体的多方建议、多种方案，这其中肯定不乏专业化的专家意见、决策施与方的具体诉求等，掌握了这些信息，决策部门在作出决策时就能够及时查漏补缺，更加自觉地加强自身建设，为实现决策目标作出更大努力。

大数据推动决策从单一化主体提升至多元化主体，还能使得决策从封闭走向开放。在传统国家治理模式下，决策者作出公共事务决策都是在一个相对封闭的系统下运作和完成的。由于数据信息的公开和共享程度不高，导致阳光政务的推行效果大打折扣，有时甚至还会产生一些忽视社会公众诉求和损害民众利益的“暗箱”式决策。大数据时代的决策则不同，由于数据信息的高度社会化，政府决策也很难再以高度封闭的模式运行，而是要应公众需求，把决策所依据的数据信息、决策结果、执行情况都予以适当公开，使得决策的整个过程都在阳光下运行。

第三章　中国运用大数据促进国家治理现代化的现状分析

随着大数据时代的到来，近年来中国从中央到地方都开始高度重视运用大数据的思维理念和技术方法促进国家治理体系和治理能力现代化，特别是以建设数字政府为核心，以提升公共服务、社会治理等智能化水平为目标，不断提升国家治理现代化水平。

近年来，随着从中央到地方对实施大数据战略的高度重视，全国各级党政部门也开始大力推动信息化、数据化建设，特别是重视运用大数据等技术理念促进国家治理体系和治理能力现代化，强化数字政府建设，取得了显著成效。

2015 年 8 月，国务院印发了《关于促进大数据发展的行动纲要》，提出要全面推进中国大数据发展和应用，加快建设数据强国，并强调要“将大数据作为提升政府治理能力的重要手段，通过高效采集、有效整合、深化应用政府数据和社会数据，提升政府决策和风险防范水平，提高社会治理的精准性和有效性，增强乡村社会治理能力”①。2015 年 10 月，党的十八届五中全会进一步强调要“实施国家大数据战略，推进数据资源开放共享”②。2017 年 10 月，习近平总书记在党的十九大报告中提出要建设科技强国、网络强国、数字中国与智慧社会。2019 年 10 月，党的十九届四中全会提出推进数字政府

① 《促进大数据发展行动纲要》，人民出版社 2015 年版，第 6 页。

② 《十八大以来重要文献选编》（中），中央文献出版社 2016 年版，第 795 页。

建设，加强数据有序共享，依法保护个人信息。2020 年 10 月，党的十九届五中全会提出要加强数字社会、数字政府建设，提升公共服务、社会治理等数字化智能化水平。这一系列文件、政策的出台，表明中国已经深刻认识到了运用大数据等先进技术提升国家治理现代化水平的极端重要性，同时也表明加强建设数字政府是大数据治国的重要任务和关键措施。

建设数字政府是推进国家治理现代化体系建设的重要内容，同时也是提升国家治理体系和治理能力现代化水平的关键引擎。2020 年 7 月，国家行政学院电子政务研究中心发布的《2020 联合国电子政务调查报告》显示，中国电子政务发展指数已经从 2018 年的 0. 68 提高到 2020 年的 0. 79，与 2018 年相比，2020 年中国的电子政务发展指数从第 65 名提升到第 45 名，表明中国的电子政务及数字政府建设整体水平已经开始向世界先进行列大踏步迈进。

从地方层面来看，各省市也深入贯彻中央关于推进大数据战略计划，陆续出台数字政府建设规划。如 2021 年 6 月 Z 省发布《Z 省数字政府建设“十四五”规划》，随后，G 省发布《G 省数字政府改革建设“十四五”规划》。截至 2021 年，已有 Z 省、G 省、J 省、S 省、L 省等部分省级行政区域形成专门的数字政府“十四五”专项规划，另有 H 市、S 市等市级行政区域发布数字政府“十四五”规划文件。此外，中国的大多数省市区都成立了省级层面的独立大数据管理机构，对本省市有关数据进行统筹管理，通过实现跨地区、跨部门政务数据打通、共享、利用，推动政府数字化变革。据有关统计，截至 2020 年底，全国已经有 25 个省（市、区）成立了数据管理机构负责指导数字政府建设。[①] 根据《2020 中国数字政府建设白皮书》，全国数字政府建设指数平均值为 51. 7，其中 12 个省（区、市）指数达到平均值及以上。G 省以总指数 75. 2 居全国榜首，Z 省、S 省、F

① 王伟玲：《我国数字政府顶层设计的理念辨析与实践指向》，《行政管理改革》2021 年第 5 期。

省、B 市位列第 2—5 名，总指数分别为 73.4、71.0、68.5、68.4。

一 中国运用大数据促进国家治理现代化的实践成效

随着中央越来越重视运用大数据的理念和技术方法提升国家治理体系和治理能力现代化水平，各地也都结合各自实际进行了深入实践和探索，取得了良好成效。

（一）全面推进数字治理，着力建设数字政府

全面推进经济社会各领域数字化转型发展，构建高质量发展新优势，必须利用大数据等新一代信息技术，用数字化思维倒逼改革，推进政务流程再造、业务协同。就此，中国多省市区行政审批局坚持政务服务一体化的工作思路，深化流程再造，强化数据赋能，对标国内一流，充分发挥一体化政务在线服务平台“一网通办”支撑作用，加强业务协同管理和服务，解决政务服务方面的痛点、难点和堵点问题，持续提升企业和群众的获得感和满意度。有的地方为企业开办“企省事”，公安户籍业务“指尖办”，新生儿、购房、人才引进等落户事项全程网办。也有的地方全面推行企业个人全生命周期“一件事”集成服务，扎实推进政务服务“跨省通办”“全省通办”，推进行政审批领域“一证化”改革，并且建成全领域“无证明城市”。创新推出以信用为基础的“承诺即入”新模式。还有的地方在机关内部“一次办好”改革中，推广应用政府部门电子印章，推广全市协同一体化办公平台，实现电子身份证在政务服务、交通、公安、民政等重点领域的应用，挖掘网办深度，推行“一业一证”“一事全办”全程电子化，等等，都取得了良好效果。

在场景化应用方面，某省统筹推进政务便民（一次办好教育、医疗、社区、金融等）、企业（服务企业平台）、城市管理（用水、用电、用气、环境、交通等）、宏观决策（舆情、辅助决策系统）等应用层面各领域建设，进一步加强新技术在各治理领域的应用探索，

营造了良好的数字政府环境。在场景化应用中，根据“一件事一次办”原则，设置场景包括“全市一个停车场”“全市一个医院”等，其他场景化也有一些应用。比如城市智慧化管理成效显著，在数字城管方面，建成“一屏观、一网管”的智慧供热系统、为特殊群体提供的在线监护的智慧用水系统、窨井盖监管系统、梯联网四大系统；在交通出行方面，城区交通信号优化“绿波工程”，实现车辆在交叉路口最大程度的绿灯通行；在环境监测方面，基于窄带物联技术的河长制智慧管理应用；在地理信息管理领域，时空大数据平台为精准扶贫、重点项目建设、生态环境等提供时空大数据服务。在“智慧创城”“舒心就医”、智慧社区、数字化防疫层面也有相应探索。

在数据治理方面，针对政务数据量庞大，政务数字资源共建共享程度较低，业务层面数据资源体系不明确，非标问题突出的现实状况，中国多省（市、区）主要采取了三项措施。第一，从省级层面进行省（市、区）三级顶层的大数据战略规划，优先部署省级数据中心建设；第二，整合各级部门政务数据资源，推动各部门之间的数据共享，实现各部门业务系统和政务大数据平台的数据对接；第三，统一数据标准，打破组织之间、平台之间、数据之间的壁垒，让数据真正“回家”，服务各业务层面。各地方在不同领域都呈现出一些特点，都取得了很大成绩。有的市形成了全市电子政务“一张网”，市云计算服务中心形成，大数据中心初具规模，数据场景化应用，覆盖了各个业务领域，比如义务教育、公积金业务、智慧医疗、智慧社保、智慧治税、智慧金融。有的市在数据共建共享层面，大力推进统云、并网、聚数工作，形成“一个平台、一个号（码）、一张网络、一朵云”服务支撑体系，形成了“四库一体”数据资源体系建设，推动实行统一身份认证体系，覆盖应急、卫健、交通、水利等七个领域。也有的市建成各级互联、协同联动的政务服务平台，深化数据“聚、通、用”，数据赋能呈现高质量发展。

在维护数据安全方面，鉴于各级各部门信息系统和数据都被用大技术方法集中到统一的云网上，安全防御压力增大，数据面临诸多安全风险，对此，中国多地也采取了一些针对性强、实效性高的切实措施。比如，履行网络安全主体责任，通过加强主动防御，汇聚、分析网络异常数据，评估安全状况，有预见性地排查化解网络安全隐患。重视加强日常监管，每季度组织全区互联网端服务器基线核查，每月组织服务器漏洞扫描和奇安信天擎远程扫描。通过加强基础防护，组织全区网络安全培训，科学配置安全策略，增强网络安全防护级别，开展网络安全等级保护测评，确保政务信息系统安全稳定运行。

在数据应用方面，诸多省（市、区）通过抓实数据赋能重点工作，让数据上下左右“通”起来，有效促进了大数据在政务、经济和社会各领域的应用与发展，让“数据回家”，服务各政务部门的业务决策，助力政务服务、经济发展、宏观决策。有的市通过政务数据的融合应用，赋能打通政务便民服务最后“一公里”，例如“义务教育”“公积金业务”“智慧医疗”“智慧社保”“综合治税”“智慧金融”，努力使各项行政审批事项实现“掌上办”。如“限时免费停车应用”“公厕地图应用”“防疫信息查询”等。也有的市建设三大平台：“政务大数据平台”“市一体化大数据平台”“市级视频资源共享交换平台”，整合各级各部门的政务数据资源，服务应急、卫健、交通、水利等各个领域。还有的市加快构建城市运行“一网统管”体系，整合各级各部门信息系统和数据，构建协同联动的综合指挥平台，实现“一屏观全城、一网管全城”。

在数字机关建设方面，面对政府协同办公数字化水平有待提升，存在机关流程需要再造、运行效率不高，政府部门智能众多、权责多样、数据不一致、信息不共享、运行效能不可控，以及缺少统一、畅通的跨部门线上办公协作平台等一系列现实问题，某省加强机关运行标准化建设，推进日常办公和综合业务数字化建设，促使跨领域、一链式协同应用，有效配置了各类数据资源。同时，还针对平台缺少一体化大数据支撑能力，围绕办文、办会、办事，政府应用集成能力不足，机关运行数字化、协同化、智慧化不够，数据共享范围不广，数据应用场景不多等问题，切实采取了有效措施。比如，有的市依托全市统一的电子政务外网、建成全市统一协同办公平台，使平台覆盖全市所有政务管理部门，各单位都能开通应用，工作人员可随时随地查阅文件、手写签批、实时流转，大大提高了机关公文处理效率。也有的市推进共性基础业务系统整合，推进全员、全程、全领域网上办公，不断优化金宏办公系统，扩展智能移动终端办公功能，在各层级全面普及金宏办公系统，进一步推动金宏办公实现领导干部应用和基层应用两端突破。依托一体化安全接入平台，为政务机关工作人员开通移动办公。

（二）自上而下统筹建设，深化体制机制改革

近年来，中国加强数字政府建设，坚持系统化、集约化的“整体政府”思维，力图通过对传统政务信息化模式改革，推动政府由分散走向整体、由管理走向服务、由单向被动走向双向服务。

在机构建设方面，有的省在 2018 年全面撤并调整各政务管理部门内设信息化机构，组建全省统一的政务服务数据管理局，并下设市县政务服务数据管理局，形成各级联动、上下协同的信息化管理队伍。在机构职能上，省政务服务数据管理局负责全部数字政府相关工作，统筹协调各部门的系统和平台建设，为数字政府统一建设扫清了体制机制障碍。有的还组建了省数字政府改革建设专家委员会，同时建立专家库，作为省政府的决策咨询机构。并充分发挥互联网企业、运营商的技术和服务优势，组建数字网络建设有限公司，承担数字政府建设运营中心职责。

有的地方启动了数字化应急管理系统的建设。该系统围绕“测、报、防、抗、救、查、建、服”八个主要业务链条，聚焦应急管理信息化融合指挥、应急通信、短临预警、全域感知、数据智能“五大主攻方向”建设，充分利用大数据、物联网、人工智能等新兴信息技术，融合气象、海洋、水务、地质、林业、交通、公安、住建等专业部门基础数据及实时监测数据，建成监测预警、应急值守、应急处置、自然灾害、安全生产等十大业务板块。该系统接入了市政数局

城管云视频、应急管理局动态危化品平台、应急管理工作平台、安全生产预警系统、林业和园林数字绿化平台、水务数字一体化平台、气象预报预警数据、规划与自然资源地质灾害系统等。除此之外还接入互联网数据，包括人流热力数据、实时拥堵路段、舆情监控等，实现全市安全态势、风险隐患、应急资源、突发事件全掌握。

有的地方利用数字化应急管理系统构建了应急资源资料库，汇聚各单位应急救援力量，配备航空消防直升机、应急大型装备、避难场所等。当发生突发事件时，该系统可以快速定位事发点，调用周边视频监控、无人机、单兵布控、800M 和 150M 对讲机、指挥车等多源通信设备和方法掌握现场情况，同时快速搜索调度周边应急队伍、物资等资源，查看周边重要防护目标，按照事件类型启动相应应急预案。

（三）由点到面全面铺开，流程再造数据先行

近年来，中国多省以“互联网 + 政务服务”为抓手，持续推进政务服务和社会治理领域的数字化转型。比如，有的省出台《数字政府建设“十四五”规划》，提出到 2025 年，形成比较成熟完备的数字政府实践体系、理论体系、制度体系，基本建成“整体智治、唯实唯先”的现代政府，省域治理现代化先行示范作用显现。在这方面的主要建设成效如下：

搭建“四张清单一张网”。“权力数据化是权力可分割、可度量、可计算、可重组、可规范的前提，实施每一项权力的运行过程规范、有名、可量化、可分析、可防控的保障。”① 为更好地约束行政权力、优化营商环境，有的地方启动“四张清单一张网”改革，全面梳理“政府权力清单”“企业项目投资负面清单”“政府责任清单”“省级部门专项资金管理清单”，清理非行政审批许可事项，建设全省统一

---

① 大数据战略重点实验室：《块数据 3.0：秩序互联网与主权区块链》，中信出版社 2017 年版，第 193 页。

的政务服务网。2014 年 6 月，某省政务服务网正式上线，依托政务服务网，向全社会公布省市县三级各类政务部门所有服务事项，以及 42 个省级部门、101 个市县政府部门的权力清单，确保“法无授权不可为”，从制度层面为该省推进“最多跑一次”改革奠定坚实基础。

实施“最多跑一次”改革。2015 年 11 月，某省成立省数据资源管理中心，以服务事项标准化建设为切入口，提出“让数据跑代替百姓跑”的口号。在此基础上，同步建设省级大数据中心和市级大数据中心，推进不同层级、不同部门数据信息的互联互通和开放共享，实现跨部门、跨领域的系统整合和业务协同，最大程度地简化市民、企业在部门间兜兜转转的办事流程，降低办事成本。

撬动其他重点领域改革。在协同办公方面，有的省政府开发了办公 APP，涵盖 OA、掌上执法和掌上基层等模块内容，着力打造“掌上办公之省”。在社会治理方面，省下属多个市县上线城市大脑，强化对城市运行态势的实时感知及突发事件的应急处理。在市场监管方面，建成全省一体化公共信用信息平台，基本实现全省信用数据深度共享和业务精准协同，构建起以信用为基础的新型监管机制，为强化事中事后监管提供有力支撑。在数据治理方面，建成省级统一数据开放平台。某省还出台了《公共数据开放与安全管理暂行办法》，形成一批就医、停车、旅游等方面的数据创新应用。

（四）打造包容创新环境，推动产业科学发展

2016 年国家发改委、工信部、网信办批复同意某省建设国家大数据综合试验区，这也是首个国家级大数据综合试验区。以此为契机，该省全力推进大数据战略行动，在数据治理、数字政府建设等方面积极创新探索，先行先试、改革创新，推动互联网、大数据、云计算、人工智能与实体经济、政府治理、民生服务深度融合，数字政府建设水平大幅提升，数字产业创新环境及大数据产业发展走在全国前列。该省还打造“一云一网一平台”数字政府核心基础设施，加快

构建数字政府“大基础、大中台、大系统”体系，提升了系统云平台服务能力，推进云资源省市一体化协同。建设完善视频中台、地图中台、数据中台、身份认证中台、移动中台、AI 中台等一批公共服务中台，提升数字政府公共支撑能力。加快“大政法”“大应急”“大旅游”“大党建”“大农业”“大健康”等跨部门大系统建设，提升数据融合应用水平。围绕宏观决策、经济调控、市场监管、社会治理、生态保护等重点领域，布局建设宏观经济运行“领导驾驶舱”等一批应用平台，以数字化推动治理方式变革，加快提升政府管理服务数字化水平。加快电子证照互认共享，推进国家垂直系统、省直自建业务系统与政务服务“一张网”融合，推动更多政务服务事项接入网上协同办理。建设“国家公共数据资源开发利用试点省”，充分依托“一云一网一平台”汇聚全省数据资源优势，加快公共数据和社会数据融合，建立安全可控开发利用机制，在普惠金融、文化旅游、交通出行、劳动就业等重点场景，探索形成一批新技术、新产品、新应用、新业态、新监管。

该省数字资源管理架构有省大数据发展管理局、市（省会）大数据中心、云上大数据有限公司等。其中省大数据发展管理局内设政策规划处、数据资源管理处、应用推广处、项目投资处、产业融合处等处室，具体负责“三个统筹”工作：一是统筹数据资源建设、管理工作；二是统筹协调全省政务信息化、电子政务建设工作；三是统筹推进信息化发展和大数据融合应用、数据中心规划建设与集约利用等工作，推进“数字政府”建设。构建了“一云一网一平台”数字体系，包括“各种云整合”，华为云、阿里云、电信云、移动云、交通云、公安云；“各种网整合”，政务外网、政务内网、专网、互联网；“政务数据服务平台”，政务数据平台和政务服务平台。

目前该省“一云一网一平台”已实现全网搜索和数脑功能，全网搜索做到政务数据全网范围内的统一搜索，实现数据可查询，可分析，可交互，可呈现。全网搜索主要解决了各网、各类数据汇聚，其中包括字母代码转化中文问题、数据资源知识体系梳理，实现了基础搜索，其中包括关键词搜索、指标搜索、单指标搜索、多条件指标搜索，全网搜索，数据分组（按数据内容分组、按数据来源分组）。

（五）实施数字发展战略，强化数据支撑作用

近年来，中国大力推进数字发展战略，以数字化建设推动高质量发展，深入实施数字经济领跑行动，积极探索政府数字化转型或数字政府建设，通过统筹建成政务服务 APP、开发集约化的移动端 APP 或微信小程序等技术手段，在创新政府治理和服务模式、提升行政管理和服务效率、提高政府公信力和执行力等方面所发挥的作用越来越明显。

全国多省数字资源管理架构，基本由省数字建设领导小组办公室、省统计局数据管理中心与大数据运营公司组成。其中省数字建设领导小组办公室负责组织编制数字建设投资计划等工作；省统计局数据管理中心承担全省统计系统年报及大型普查、调查统计数据的计算机处理服务工作，统计信息数据库和计算机网络软件开发应用工作，以及统计数据信息系统运行安全涉及的技术性、辅助性工作。

致力于建设高水平数字政府的主要做法有：

第一，整合优化政务网络和政务网站。将现有政务信息网、政务外网、无线政务专网、政务内网整合为上下贯通、横向到边的政务信息网和政务内网“两张网”，统一运维管理，建设全省一体化协同办公和移动办公平台，推广电子档案管理系统，实现全流程无纸化办公和移动办公。

第二，优化升级网上办事大厅和政通 APP。制定政务服务旗舰店建设标准规范以及自建办事系统接入标准，开发省级行政审批电子文件归档系统。

第三，推进“省内通办”“跨省通办”“自助办”“一次办”。加快落实电子证照跨省互认，建设跨省跨区域通办审批系统和线上线下服务专区。建设全省政务自助终端通办平台，实现随时办、就近办、自助办。推进“一业一证”改革，扎实推进“一件事”套餐服务。

第四，推广“互联网+监管”应用。加快省级部门自建监管系统与省“互联网+监管”系统对接，推动各行业监管部门依托省“互联网+监管”系统开展应用。打通网上办事大厅、“互联网+监管”系统、网上行政执法平台以及两法衔接平台业务融合通道。

第五，启动智慧政法建设。建设智慧政法一体化平台，推动政法部门业务协同应用和基层社会治理智能化应用。深化“雪亮工程”建设联网应用，建设智慧检务。

第六，提升统一平台支撑能力。建设统一业务协同平台，完善社会用户实名认证和授权平台，建立全省统一电子签名体系。建设政务云统一密码服务平台，加快信创云建设。建设数字省区块链应用技术服务平台。升级改造省政务电子印章服务平台。

第七，提升部门信息化水平。推进生态云平台3.0、医保信息平台、国企在线监管系统、水利数字化监管能力提升工程、社保卡“一卡通”、民政“一网通”、退役军人“一体化”、智慧应急、智慧信访、智慧林业、智慧文旅、智慧邮政、智慧校园等一批行业部门综合性平台建设。

二 中国运用大数据促进国家治理现代化的主要问题

随着国家及各省市大数据管理机构的相继成立和各地政策措施的不断推动，中国运用大数据提升国家治理体系建设和治理能力的水平已经取得了显著成效，有力促进了国家治理现代化进程。然而总体来看，由于受到主体认识不到位、区域发展不平衡、体制机制不完善、人才支撑不充分等各种因素的制约，中国运用大数据促进国家治理现代化仍然面临着一系列不容忽视的现实问题。

（一）部分领导干部观念意识转型问题

大数据具有“海量、开放、共享、实时”等特征，这就要求公共部门在运用大数据进行国家治理时要树立起大数据治国的思维和意识，要深刻认识到运用大数据的理念和方法提升国家治理能力和治理体系现代化水平的重要性。“数据不会被它所激发的思想和创新消耗，相反，它可以为创新提供无穷的燃料。”[①] 目前，国内一些公共管理部门特别是起关键作用的部分领导还没有认识到数据只有开放共享，才能释放价值。就当前来看，有一些领导干部还没有形成运用数据分析来进行决策的习惯，没有“善用科技，加快建设智慧城市，以大数据等信息化技术推进政府管理和社会治理模式创新，不断促进政府决策科学化、社会治理精准化、公共服务高效化”[②]。一些部门领导仍然存在“数据小农意识”，认为数据是部门独享资源，国家数据资源部门化、部门资源单位化、单位资源个人化等现象还在一定程度和范围内存在，导致很多有价值的数据沉睡在政府部门的资料仓库或封闭系统中，丰富的信息被束之高阁。很多部门特别是领导干部因为思想观念或是利益得失问题，动辄拿保密和隐私说事，不愿意与别的部门共享信息，更别说与社会公众共享了，这不仅会严重影响数据的开放共享，同时也会对政府更好地服务公众造成严重制约。

（二）运用大数据缺乏统一标准规范问题

总体来看，中国运用大数据促进国家治理现代化的工作仍处于起步阶段，尽管电子政务的实践已经开展了很多年，但是其形式仍然比较单调，内容也相对简单，多是停留在单独窗口办理、单独网站维护、单独宣传推介等“单打独斗”阶段，距离大数据环境下数据开放共享、网络互连互通、业务有机协同等现代化治理要求还比较远。电子政务运行多年后仍然缺乏省级以上的顶层设计和统一规划，各地区、各部门都有各自的数据系统和平台，“信息孤岛”“数据烟囱”等割据现象不断出现，由此引发的数据信息不完整、不准确、不统一等问题一直难以解决。数据信息跨地域、跨部门、

① 涂子沛：《大数据：正在到来的数据革命》，广西师范大学出版社 2013 年版，第 208 页。

② 《习近平谈治国理政》第 3 卷，外文出版社 2020 年版，第 415 页。

跨系统的交流与共享机制也没有有效实现。这样就导致数据库、数据平台存在重复建设现象，造成了软硬件数据资源的巨大浪费。另外，从大数据资源的管理和维护来看，全国自上而下的各级政府和行政部门还缺乏统一的标准、统一的规范，尽管从中央到地方推出了很多规范性指导文件，但还不成体系，在一定程度上存在碎片化现象。“互联网领域发展不平衡、规则不健全、秩序不合理等问题日益凸显。”①

（三）大数据产业发展及其技术支撑问题

打造大数据施政平台除了思想理念、体制机制等障碍外，在现实中还存在与国外发达国家产业发展及技术差距问题。近年来，尽管中国软件产业发展较快，但与美国为代表的西方发达国家相比，还存在较大差距。以对大数据国家治理具有重要支撑作用的软件和信息技术行业为例，据巴西软件行业协会公布的2020年统计数据，从软件及服务市场投资支出排名来看，2020年美国软件及服务投资支出以6350亿美元高居榜首，而中国以530亿美元居美、日、英、德之后的第五位，投资支出不及美国的十分之一。软件企业投资少，产出就低，其技术就很难实现对美国等发达国家的追赶和超越。中国软件和信息技术服务业的业务领域大多还局限于对技术要求不甚高的农业、工业和普通公共事务等一些传统领域，对于数据规模化、集约化、科技化处理要求较高的市场监管、风险防范、应急管理等领域，软件开发和利用仍处于较低水平，对国家治理的技术支撑更是远远不够。另外，由于中国发展大数据技术较晚，数据信息资源的应用和开放水平还有待进一步提高，这也在一定程度上导致了政府在信息开放、数据更新、互通共享等方面存在障碍。

① 《习近平谈治国理政》第2卷，外文出版社2017年版，第532页。

（四）国家信息安全和个人隐私保护问题

大数据技术的长远发展以及广泛应用，无疑可以为包括国家治理在内的各行各业带来巨大效益，但与此同时，运用大数据也会带来令人关切的安全问题。大数据规模性大、集中性强、应用性广的特性给数据的安全防护提出了更高要求，同时，大数据集中管理后，由于体量巨大、辐射面广、互通性高，这样就给一些不法黑客或是敌对势力进行网络攻击提供了更多机会。大数据里面蕴藏的很多数据信息，有的涉及国家安全，有的涉及个人隐私，有的涉及行业机密，这些关键信息库一旦受到不法黑客的侵入并被其获取，将会给国家、企业和个人带来很多安全隐患，因此，必须高度重视大数据的安全维护问题。总体来看，大数据的安全和维护问题主要体现在以下几个方面：一是因为数据体量巨大，很难做到严丝合缝的安全防护，容易出现安全漏洞，一旦被不法黑客利用各种技术手段侵入，就有可能造成大面积的数据泄露或破坏，进而造成严重损失。二是安全维护和风险防范意识不到位，对于大数据的安全维护意识比较薄弱。在当今时代，随着网络信息技术的不断发展，不法黑客的攻击手段也愈发隐蔽和高端，这本身就已经给数据的安全维护带来了巨大挑战，但是很多大数据工作部门的领导和工作人员安全意识和理念还没有跟上时代发展，依然是小数据时代的那种低风险防范意识。三是西方敌对势力有针对性的数据侵袭带来了特殊风险问题。随着近年来中国的不断发展，西方敌对势力越来越仇视中国社会主义政权，一直在用意识形态渗透的手段意图颠覆党的领导。大数据技术的发展在某种程度上给它们提供了一定的条件，特别是它们依然相对领先的技术手段，使得中国大数据的安全维护问题甚至是国家安全维护问题面临严峻挑战。

（五）高层次、复合型数据人才缺乏问题

功以才成，业由才广。“培养造就大批德才兼备的高素质人才，

是国家和民族长远发展大计。”① 把大数据运用于国家治理实践，同样离不开人才的重要支撑作用。相比一些发达国家，中国实施大数据战略的步伐慢了一些，运用大数据提升国家治理实践起步更是较晚，相关人才因此也比较紧缺，特别是高层次、复合型人才相对较少。目前，中国的大数据产业还不是很发达，相关技术也不是很完善，无法满足产业发展及大数据治国的客观需求。从大数据人才发展规划来看，政产学研相互割裂是当前大数据人才规划中存在的普遍问题，从国家相关顶层设计来说，还没有有效形成政府、企业、高校、科研机构有机互动的大数据人才培养机制，各类单位之间缺乏必要的合作沟通与分工协作，导致国家在出台相关规划和人才政策时难以形成全局化、系统化、科学化的大数据人才发展统一规划，在大数据人才培养和建设方面存在较多的问题和较大的漏洞，不管是在人才数量还是人才质量方面都不能满足现阶段中国大数据产业发展和大数据治理的发展需求。尤其是当前，大数据的技术和理念已经普遍运用于国家治理的各个领域、各个层级，数据治理已经成为促进国家治理体系和治理能力现代化的重要基础，更是迫切需要更多既懂得技术知识又懂得管理知识的复合型人才。

（六）制度和法律、法规保障不到位问题

“全面依法治国是国家治理的一场深刻革命，关系党执政兴国，关系人民幸福安康，关系党和国家长治久安。”② 缺乏法律和制度上的根本保障是运用大数据促进国家治理现代化的一个现实问题。在全面依法治国、依宪治国的背景下，大数据在国家层面上的法律还没有被具体提出和制定，这让地方性的法律、法规、政策缺乏方向性和科学性指导。大数据已经不能等同于普通的数据了，而是具有巨大价值

---

① 习近平：《高举中国特色社会主义伟大旗帜 为全面建设社会主义现代化国家而团结奋斗——在中国共产党第二十次全国代表大会上的报告》，人民出版社 2022 年版，第 36 页。

② 习近平：《高举中国特色社会主义伟大旗帜 为全面建设社会主义现代化国家而团结奋斗——在中国共产党第二十次全国代表大会上的报告》，人民出版社 2022 年版，第 40 页。

的战略资源，其在技术安全上、各方的协议安全上都涉及权益的侵犯，同时，对于海量的数据资源怎么进行侵权标准的划定也是一个现实问题。从当前来看，虽然国家近年来出台了一些关于大数据产业发展、数据治国等规划、政策和相关领导人的重要讲话等，但还没有上升到国家法律的高度。大数据技术、协议、标准缺乏统一规范。大数据的基础环境规划不完善；大数据是以互联网和计算机为依托的，这些数据要经过收集、整理、分析、公布、使用才能产生价值。在这个过程中，网络安全危机也同样影响着大数据价值的实现。目前，涉及大数据安全的法律规定还没有制定，因此缺乏统一科学的安全保障规划，这既不利于推进大数据治国，又不利于维护国家信息安全和保护个人隐私。

第四章　运用大数据促进中国国家治理现代化的基本要求

“信息技术（尤其是因特网）不仅是变化的赋能者，更是组织变化强烈的催化剂。”① 近年来，随着中国实施大数据发展战略不断向纵深发展，中央及各地积极运用大数据等现代科技思维理念和技术方法提升国家治理现代化水平，已经取得了明显成效，积累了一些宝贵经验。如前所述，推进大数据国家治理仍然面临一些不可回避的现实问题，要进一步运用大数据提升国家治理现代化水平，充分发挥大数据治国的治理效能，有必要针对这一系列问题采取相应举措。

一　树立大数据国家治理理念，制定大数据治国发展规划

思想观念指导着实践行动。“数据化代表着人类认识的一个根本性转变。”② 运用大数据促进国家治理现代化，首先必须树立大数据治国的意识，深刻认识到大数据的理念和技术方法运用于国家治理是一场“管理的革命”，是一种全新的思维模式。“大数据是人们获得

---

① ［美］简·E. 芳汀：《构建虚拟政府：信息技术与制度创新》，邵国松译，中国人民大学出版社2010年版，第168页。

② ［英］维克托·迈尔－舍恩伯格、［美］肯尼思·库克耶：《大数据时代：生活、工作与思维的大变革》，盛杨燕等译，浙江人民出版社2013年版，第125页。

新认知、创造新价值的源泉。”① 大数据在国家治理实践中，解决问题的“可能性并不取决于我们选择什么神奇而宏伟的方案，而主要取决于我们选择什么样的社会技术”②。近年来，国内外运用大数据治国的实践及实效已经充分说明了大数据对于国家治理具有极其重要的现实价值，对于促进国家治理体系和治理能力现代化发挥着重要的推动作用。针对当前国家治理的有关主体，特别是政府管理部门部分领导干部对于将大数据运用于国家治理的思想不够解放、认识不够到位的现实问题，必须采取有效措施着力解决这个行动先导的思想认识问题，要通过政策性文件引导、针对性专业培训、示范性案例考察等各种方式方法，使其冲破传统治理方式方法的思想禁锢，真正树立起大数据治国意识，形成运用大数据分析研判问题和科学决策的行为习惯，进而克服“数据小农意识”，打破“部门利益藩篱”，推动大数据治国不断向纵深发展。

运用大数据促进国家治理体系和治理能力现代化，是一项包含物理现实空间和信息虚拟空间二元世界的系统性、全方位、全局性工程，领域宽、地域广、层面多，要想切实取得实效，必须强化国家顶层设计。从当前全国各地推进大数据国家治理的相关政策举措和实践效果来看，还普遍存在着“分散化”“片面化”“简单化”等一系列现实问题，其中重要的原因就是国家缺乏统一的规划指导，因此，亟待从国家层面加强统筹谋划，强化“一盘棋思想”，实施“一把手工程”，出台更加具体和具有可操作性的关于大数据治国的战略总体设计方案，明确其框架指标，做好与“十四五”国家信息化规划等现有规划战略的衔接整合，推动大数据国家治理水平迈上新台阶。要通过技术、业务、平台、系统、运行模式等各类数据要素的整合集聚，聚焦围绕全生命周期治理的数据链、内部政务整体协同的管理链、外

① ［英］维克托·迈尔－舍恩伯格、［美］肯尼恩·库克耶：《大数据时代：生活、工作与思维的大变革》，盛杨燕等译，浙江人民出版社 2013 年版，第 139 页。

② ［美］莱斯特·M. 萨拉蒙：《政府工具：新治理指南》，肖娜等译，北京大学出版社 2016 年版，第 6 页。

部政务高效便捷的服务链、区域治理数字化转型的创新链四大方面建设内容，形成以人民为中心、以需求为导向、以数据为驱动、以整体协同为抓手的新型政府运行方式。

二 完善大数据治理体制机制，推进大数据资源互联共享

“建立‘用数据说话、用数据决策、用数据管理、用数据创新’的管理机制，实现基于数据的科学决策，将推动政府管理理念和社会治理模式进步……逐步实现政府治理能力现代化。”① 运用大数据促进国家治理现代化，有必要形成统一领导、分工合理、责任明确、运转顺畅的体制和机制，以系统观念建立强有力的统筹协调机制和考核实施机制。从各地的实践来看，组建跨部门、跨层级、跨地域的实体化大数据治理工作专班，实施高位调度、专班推进、强力考核、一抓到底的措施，是从源头上解决各级各部门碎片化发展、自行建设和重复浪费等问题的有效做法和重要经验。完善体制和机制，要明确运用大数据促进国家治理现代化的核心内容、关键举措、科学方法，着力于高标准地打造有别于传统政务信息化的更智慧、更精准、更有温度的现代数字政府。特别是对于全国各省市来说，要多鼓励制度创新，强化大数据与政务的有机融合，推动建成一体化综合政务服务平台，不断增强办事群众的获得感、体验感，让数据真正体现出服务于民的社会价值。

政府部门作为社会数据最大的拥有者和管理者，应该采取有效措施把所掌握的数据信息加以整合运用，让其充分发挥服务于民、服务于社会的潜在价值，这就需要让其实现互联共通，建立和完善数据共享和交流机制。要想使数据得到充分运用，就必须“通过云计算平台与先进的信息技术，加以提炼、加工、整合，实现资源的纯化，使

① 《促进大数据发展行动纲要》，人民出版社 2015 年版，第 4 页。

其可以被调用和应用，即从静态的‘原矿状态’，变为动态可用的数据资源”①。近年来，中国从中央到地方都越来越重视运用大数据提升国家治理体系和治理能力现代化，实施了不同层次的大数据发展战略，出台了一系列相关政策措施，不断推进数据的开放共享和互联互通，取得了很大成绩。但总体来看，数据壁垒和数据治理条块分割的现象仍然比较广泛存在着，开放、共享、互通的数据体系还远没有形成。据估计，中国各级政府部门掌握着全社会约 80% 的公共数据资源，除了其中部分涉及国家安全和个人隐私的数据资源外，其他数据能开放共享的都应该开放共享，但目前中国大多数省市的公共数据资源还没有有效地实现开放共享。由此可见，致力于打破“数据孤岛”、打通“数据烟囱”仍然任重道远。要以破除各部门内部的业务数据碎片化为切入点，集中汇聚各级各部门公共数据，依据实际需求汇聚社会数据，加强数据治理和安全防范保障，全力支撑“一网通办”“一网统管”和数字机关建设，全面推动不同业务的数据融合与资源共享，全面提升运用大数据提升国家治理的水平和能力。

三 推进市场化运营数据资产，推动大数据产业良性发展

随着大数据战略向纵深推进，国家治理和社会公众对数据资产运营数量、质量多元需求的增大，政府在数据开放的同时面临着对数据如何进行管理的问题，国内多省市实施了一些卓有成效的创新措施。以数据市场交易为例，随着 2015 年 G 省 Y 市大数据交易所正式挂牌运营，成为全国第一家大数据交易所，全国涌现出了很多规模不等的数据交易所、数据交易中心、数据运营公司。据不完全统计，全国已设立了近 20 家数据交易平台。就数据运营方面来说，目前全国多省

① 大数据战略重点实验室：《块数据 3.0：秩序互联网与主权区块链》，中信出版社 2017 年版，第 20 页。

市，如H省、G省、C省、S市、J省等都已经探索成立了大数据资产运营公司，开发运营政府数据资产，盘活政府数据资产价值，取得了比较好的效果。实践证明，推动数据的市场化运营是盘活数据资产、开发数据价值的重要途径，也是推进大数据国家治理取得更好效果的重要推动力量。

大数据促进国家治理现代化必须以大数据产业的发展为重要基础和必要前提。在当今时代，世界科技发展不断取得突飞猛进的效果，以大数据为主要代表的最新信息技术对于各个国家和地区的发展产生着越来越重要的影响，甚至已经成为核心竞争力的重要体现。由于起步较晚，中国大数据相关的产业基础相比发达国家还有些薄弱，迫切要求在党委和政府的统一谋划下，各方共同努力，推动实现中国大数据产业的长远发展。作为政府来讲，一方面，要加大政策扶持力度，统筹各方优势资源，强化资金支持，推动数据产业的基础理论研究和应用研究协调发展，实施产学研政用一体化推进，努力实现大数据领域的理论新突破、技术新发展、工具新创新。同时，充分发挥中国市场规模巨大、海量数据丰富的比较优势，积极运用大数据的技术方法挖掘和利用好本土数据资源，加大数字新技术在各领域的应用广度和深度，推进大数据产业和技术不断向纵深发展。另一方面，要致力于打造良好的投融资环境，凝聚大数据产业发展推动力。大数据产业内容庞杂、涉及面广，既需要政府方面发挥好的主导和引领作用，积极出台特许经营、人才优惠、产权激励等各种政策措施，为大数据产业发展和技术提升营造更为宽松的投融资环境，又需要社会各方共同努力，特别是要动员社会资金、民间力量积极参与，鼓励民间资本广泛参与到大数据基础建设、产业发展和数据运用等各个环节。

四　发挥典型示范性引领作用，强化大数据治理基础建设

搞好试点是全面推进大数据国家治理的必要条件和重要方法。对

于干好一项系统工程来说，先通过试点的方式进行实践探索，再在试点示范的基础上总结经验并进行推广，是一种科学的方式和方法。在运用大数据促进国家治理现代化进程中，同样适用这种科学的方式和方法。对于大数据国家治理试点来说，首要的就是选择代表性强、可复制性强、可推广性强的地域或部门进行试点，这样才能充分发挥典型示范的引领和带动作用。在此基础上，可以对大数据产业基础好、技术支撑力度大的地区和城市采取更加优惠、更加大胆的先试先行改革创新措施，将其打造成为指导理念先进、基础设施一流、技术保障完善的模范示范点，并对其先进做法和经验启示进行提炼升华，使其充分发挥示范引领作用。搞好大数据治理的典型试点，除了官方部门要切实努力外，还要鼓励非官方力量积极参与。特别是在大数据产业发展和技术创新领域，要多给具备相对优势条件的企业组织、行业协会、社会智库、高等院校等政策支持，鼓励其在大数据产业发展和技术创新领域走在前列，为搞好试点提供重要保障。当前，中国部分省市区运用大数据提升国家治理体系和治理能力的试点都取得了很好效果，形成了一大批可以复制、可以推广的先进经验和做法，为全国层面推进大数据国家治理做了很好的理论准备、打下了坚实的实践基础。

大数据是国家重要战略资源，要实施好国家大数据发展战略、建设好数字中国，充分发挥其社会价值，必须具备良好的大数据产业基础，必须推进大数据技术理念的创新发展，而这些都离不开大数据基础建设。推动实施国家大数据战略，要“加快完善数字基础设施，推进数据资源整合和开放共享”①。对于大数据基础建设来说，其主要内容包括两个方面，分别是信息基础设施建设和物理基础设施建设。信息基础设施建设主要是指各类基于数字技术和设备所构建的各种数据技术载体平台和智能终端设备，比如很多地方开发的城市大脑

---

① 《习近平在中央政治局第二次集体学习时强调 审时度势 精心谋划 超前布局 力争主动实施国家大数据战略加快建设数字中国》，《人民日报》2017 年 12 月 10 日。

数据平台、5G 网络、区块链、物联网等。而物理基础设施建设主要是指在传统的实体基础设施之上添加数字化设备，使其具有数字化甚至是智慧化功能。比如在家用电器上添加数字化功能可以实现家居智能化，在汽车上添加数字化功能可以实现自动驾驶功能，在停车场添加数字化功能可以实现自动找车位功能，等等。当然，加强大数据基础设施建设，对于国家治理来说最重要的还是强化政务大数据的基础建设，既要在工作场所和数据设备等硬件方面加大支持力度，又要在政策保障、人才引进、机制完善等方面加大支持力度，这样才有利于加快形成全国统一的一体化在线政务服务平台，充分发挥大数据在国家治理中的重要价值。

五 适应大数据治理人才需求，创新复合型人才培养模式

如前文所述，运用大数据的理念和技术方法促进国家治理现代化，必须发挥人才支撑的重要作用。在大数据时代背景下，国家治理要想跟上时代发展的节奏，必须培养、挖掘和使用好大量既懂得专业知识又懂得管理知识的复合型人才。为此，就要“实施更加积极、更加开放、更加有效的人才政策，引导广大人才爱党报国、敬业奉献、服务人民”[①]，特别是要加快建设世界重要大数据人才中心和创新高地，促进大数据人才区域合理布局和协调发展，着力形成大数据人才国际竞争的比较优势，这样才能不断强化“加快人才制度和政策创新，支持各类人才为推进国家治理体系和治理能力现代化贡献智慧和力量”[②]。从某种程度上说，大数据时代的竞争就是人才的竞争，因为大数据产业的发展、大数据技术的更新，其每个环节都需要具备

① 习近平：《高举中国特色社会主义伟大旗帜 为全面建设社会主义现代化国家而团结奋斗——在中国共产党第二十次全国代表大会上的报告》，人民出版社 2022 年版，第 36 页。

② 《中共中央关于坚持和完善中国特色社会主义制度 推进国家治理体系和治理能力现代化若干重大问题的决定》，人民出版社 2019 年版，第 44 页。

一定专业知识的工作人员才能有效完成。而运用大数据提升国家治理体系和治理能力现代化水平，从数据的采集、整合、分析到数据的互通、共享、利用，也都需要相关人才的推动，为了更好提升国家治理效能，这些人才还必须是具备行政管理等学科相关知识的复合型人才。

由此可见，有针对性地加大大数据专业及复合型人才培养和使用力度，已经成为运用大数据提升国家治理体系和治理能力现代化水平的必然要求。西方一些发达国家已经对大数据人才培养工作作出了重要战略部署。比如，英国早在 2013 年就发布了《数据能力发展战略规划》，针对如何进行大数据人才培养，如何对高校相关大数据专业进行合理设置，如何建立完善的跨学科交流机制，以及如何出台政策进行政府专项资金支持等方面都有了比较大的创新。由于中国大数据发展战略还处于起步阶段，相关人才培养机制还不完善，有必要及时采取相应措施，为大数据人才培养和使用创造更加优良的发展环境。

在具体措施上，不妨从以下几个方面着手：一是加大大数据人才培养力度，鼓励各地高校开设数据科学、物联网、云计算等大数据相关专业和课程，围绕各地发展的实际需求，创新人才培养模式，支持产学研共建实习实训基地，通过校企合作方式加强数字化人才培养与市场需求的对接，做到培养机制市场化、人才培养梯度化。二是鼓励形式多样、内容丰富、受众广泛的公共管理在职人员数字技能培训，支持线上、线下相结合，提供数字思维、数据分析、算法开发、硬件设计等多类技能培训，主要包括大数据安全、大数据分析挖掘、大数据技术等，持续提升数字政府从业人员能力，线上学习课程主要侧重普及岗位通用知识和能力素质，线下学习课程则以解决问题为导向，以集中轮训为重点，提高工作人员运用新技术开展工作、解决问题的能力和水平。三是积极引入数字化专业人才，面向高校、科研单位、企业公开招聘专业功底好、技术能力强、协调能力高的数字数据人才，做大做强各级政府大数据治理人才队伍。四是及时出台相关政策和文件，设立专项资金，加大财力、物力扶持，积极倡导各地建立覆盖面广、复合型强的大数据治理专家资源库，充分发挥“第三方”咨政建言作用，探索建立全方位、宽领域、多层次的专家工作平台，充分发挥智库等社会力量在大数据国家治理中的积极作用。

六 实施电子化政务流程再造，完善大数据治理法律保障

推进大数据国家治理，必须对政务流程实施电子化流程再造，这也是推进数据信息共享共用的必要前提。从当前来看，很多国家治理部门之所以推进大数据国家治理乏力，在很大程度上是因为公文通知、会议资料等政务数据仍然以纸质或非结构化的方式存储，没有进行电子化、标准化处理，这显然会对数据治理造成一定的阻碍。由此可见，推动跨部门、跨层级、跨区域的电子化流程再造，实现公共管理部门运行的标准化、协同化、智慧化，有着现实的迫切需求。为了推进该问题的解决，有必要在条件成熟的地区或城市开展先行先试，有条件有权限地开展无纸化、电子化办公，这样才能在政府部门内部大大降低知识独占性，最大限度地实现知识共享，有效防止内部知识流失，提高知识生产率，同时还能有效减少因为工作人员的流动或离开而造成的内部知识流失。因此，有必要通过打通内部政务流程，实现文档的共享化；在共享的同时对业务文档进行挖掘，特别是对历年来文档中的数据指标进行提炼，为辅助决策提供数据支撑。

不管是实施电子化政务流程再造，还是其他方面推进数据信息的互通与共享，都需要依照有关法律、法规进行。针对相关法律、法规空白展开立法研究，加快立法进程，是维护国家信息安全、维护公民及法人信息安全的重要基石。从当前来看，随着 2021 年《中华人民共和国数据安全法》《中华人民共和国个人信息保护法》的先后出台，再加上原有的《网络安全法》《个人信息安全规范》《规范互联网信息服务市场秩序若干规定》《电信和互联网用户个人信息保护规定》等一系列法规文件，已经初步构成了关于数据使用和安全维护

的法律体系。但是，总体来看，中国的数据法律体系还处于一种较为分散的状态，有些法规文件还缺少能够落地实施的细则和具体方案，有些关于国家数据主权和个人数权的属性与边界问题还比较原则和模糊，由此可见，构建与时代发展相适应的数据权利保护法律体系仍然是亟待解决的迫切问题。

七　推进大数据标准规范建设，强化大数据治理安全保障

建立和健全统一、规范的大数据规范标准体系，明确公共管理部门运用大数据提升公共服务水平的衡量标准，是提升大数据国家治理水平的必要前提和重要保障，也是大数据时代推进国家治理体系和治理能力现代化的必然要求。将大数据运用于国家治理，必须确保数据的完整、准确和统一，这样有关部门及领导才能根据既有数据科学研判事态发展，进而推动国家治理的科学决策和贯彻落实。这就需要官方及时出台相关规范性指导文件，确保各地各部门的数据来源、数据架构、数据体系依据统一的标准规范来采集和构建，从而有效提升数据的使用效率。

为此，要研究制定大数据国家治理的标准评价体系，加强数据采集流程、资源配置、平台建设等标准规范的制定与实施，推进数据治理的规范化进程。同时，还要完善数据管理的体制和机制，在不同层级、不同地域，成立“一把手”亲自挂帅的数据治理工作专项小组或专职机构，统一规划大数据国家治理有关工作，强化标准的实施监督和考评机制，积极开展各类标准规范实施的信息反馈与监测活动。此外，还要充分调动社会资源，发挥企业、院校、行业协会及民间智库等在各类相关标准的制定与实施中的推动作用，通过政府购买服务等方式面向社会开展标准研发、决策咨询与人员培训、实施效果评估等。

在大数据时代，由于网络信息技术的不断突破，大数据的产生、

流动、处理等过程都空前加快，维护国家数据安全及保护个人数据隐私也日益成为难题，特别是一些不法黑客或是敌对势力对于国家网络数据系统的恶意攻击等行为，对国家、机构和个人安全产生巨大威胁。随着大数据国家治理的不断推进，如何确保数据信息的安全已经是实践中无法回避的现实问题。为了有效解决这一问题，有必要建立一系列风险防范和安全保障体系为大数据治国保驾护航。

首先，通过强化安全管理平台建设，提高大数据的搜集处理和关联分析能力，不断提升网络安全感知和预警能力，及时查补网络安全漏洞，增强主动监测、主动发现、主动处置等各方面安全维护能力，依照国家有关规定推进网络安全信息共享，使各层级的数据安全预警机制愈加完善。其次，科学打造国家数据资源的密级标识管理系统，针对用户统一认证、数据加密保护、关键数据隔离等涉及数据安全的关键环节，建构起适应大数据时代要求的数据安全防护体系。最后，摆脱国外软件依赖，积极开发本国安全维护软件系统，构建本国特色的密码应用体系和载体平台，规范有序地推进涉密和非涉密数据网络信息系统的密码应用，确保将数据运用于国家治理的安全性和可靠性。

第五章　运用大数据促进国家治理现代化的关键环节

运用大数据促进国家治理现代化的关键环节是要建立大数据施政的载体和服务平台，将大数据的思维和技术方法有效运用到国家治理的综合过程当中，这既是推进实施大数据国家战略、建设智慧社会和数字中国的重要内容，也是党的十九届四中全会发布的《中共中央关于坚持和完善中国特色社会主义制度 推进国家治理体系和治理能力现代化若干重大问题的决定》提出的新要求。为此，就要充分运用大数据的理念和技术构建全国一体化在线政务服务平台，这样才能为推进“数字政府”建设、创新国家治理和服务方式提供强有力支撑，更好地满足社会公众对于国家治理的新需求新期待。

一　构建国家治理现代化政务服务平台的理论依据

全国一体化在线政务服务平台是政府履行行政职能、提供政务服务的工具和载体，也是社会公众接受政务服务的窗口与柜台。对于这个服务平台来说，它的意义绝不止于工具层面，更在于它“聚合了政府职能转变、机制创新和管理方式方法创新的多重价值”[①]。构建全国一体化在线政务平台，既要实现完善政务服务、提升行政效能、优化营商环境、便利群众办事等价值要求，又要迈向更为深刻的治理

① 李传军:《电子政府管理》，对外经济贸易大学出版社 2008 年版，第 74 页。

理念、方式、路径等制度性变革，有其逻辑依据和理论基础，除了前文深入分析过的大数据相关理论外，构建全国一体化在线政务服务平台还要基于以下三种理论。

（一）一体化理论

一体化理论最早产生于20世纪30—40年代，是国际关系理论中关于区域整合或统一的学说，指在一定区域范围内，主权国家如何通过一定的形式，实现国家间的合作与联合，并最终聚合为一个超越主权国家的新的共同体。当时的实践成果是成立欧洲共同体（后称欧洲联盟）。第二次世界大战后，随着欧洲一体化进程的发展，一体化理论普遍流行起来。一体化理论可以分为联邦主义、功能主义（新功能主义）、新现实—多元主义、政府间主义、制度主义和建构主义等不同学派。

联邦主义既是一种观念也是一种制度，强调将不同的主权国家聚合成为一个国家间联邦，建立联邦政府性的机构，并赋予其实权来实现国家主权的逐步转让，达到一体化。这一理论的基本前提是集中的决策或至少是联合决策以及中央—地方式的分权。在联邦制条件下，成员国之间是平等的，相互间形成一种权力的平衡。美国、澳大利亚、巴西和印度等都是实行联邦制的国家。

功能主义理论试图通过对现代国家、政府和社会组织的职能和任务的变化与联系的研究，来论证减少冲突、增进合作乃至实现一体化的可能和途径。早期的功能主义理论强调一体化的自发产生，认为技术领域的广泛合作必然会扩展到政治或其他领域。新功能主义一体化理论是由美国学者哈斯创始的，它更注重强调一体化组织的重要作用，认为权利同福利是不可分割的。

新现实—多元主义理论强调一体化的原动力在于公众接受，以及一体化的程度和各个层次上相互沟通网络的发展，强调内部交流与相互依赖所产生的内聚力从部分中产生出整体，使整体拥有任何单个构成成分单独所不具备的系统特征。

制度主义的研究重点是超国家或国家间的制度安排及其对一体化的作用。一是整体与宽广的视角。制度学派认为应该将经济理解为一个整体。在制度学派看来，应该从政治学、社会学等角度理解经济运行。二是专注制度。制度学派认为，制度在经济运行中起着十分重要的作用。制度不仅仅是一个机构，也是一个组织模式，还包括惯例、习俗等。三是使用达尔文主义、演化方法。制度学派认为，经济在不断地演化发展，所以研究经济应该使用动态方法。经济学家们不应该关注“是什么”，而应该关注“我们是如何达到这里的”。经济学家还需要研究历史和社会学、人类学等知识。四是反对正常均衡的观点。制度主义者并不强调所谓均衡，他们仅仅强调循环因果关系与累积性变迁，认为经济生活失调并不是对正常均衡的偏离。五是利益冲突。制度主义者认为人们的利益是冲突的，而不是新古典主义者所认为的人们利益是协调的。企业之间也会存在利益冲突。所以政府需要协调好利益关系，让经济平稳地增长。六是自由民主改革。制度主义者支持财富更加公平分配的改革，并不认为依靠市场调节可以反映个人福利与社会福利。

建构主义则强调一体化是一个国家与社会、国家与个人以及主权国家公民之间相互作用的过程。无论何种学派的一体化理论，都将一体化看作不同的主权实体通过一定的方式结合成为一个新的主权实体的过程，并将经济发展水平、意识形态、政治体制等要素的共通性，作为一体化的重要前提。

（二）内部行政行为理论

行政法学基于行为对象的可诉性将行政行为分为内部和外部，其中内部行政行为具有不可诉性已成为行政法治实践的共识。然而，随着全面依法治国战略的深度实施，以及法治政府建设的深度推进，内部行政行为不可诉遭到了学界一些人士的质疑。在《中华人民共和国行政诉讼法》还没有作出相关修改的前提下，在此我们不去争论内部行政行为是否具有可诉性问题，但可以明确内部行政行为也要依照法律法规实施，具备合法性基础，同时，内部行政行为的规范性与科学性则是其依法履职、合理作出外部行政行为的保障。试想，一个机关或部门内部都无法做到依据充分、决策科学、权责明确、分工合理、运转顺畅，又如何能对外履职和提供充分的政务服务呢？

2018 年 7 月国务院出台的《关于加快推进全国一体化在线政务服务平台建设的指导意见》（以下简称《指导意见》）在其“强化分工协作”部分对国务院办公厅、国务院有关部门、各地区等的建设职责作出具体要求，并制定了组织推进和任务分工的具体方案，明确各部分任务的牵头部门和参与部门，以及完成时限。这些制度设计体现了公共管理学关于部门职权配置的理论目标，即职权配置应体现层级性和差异化，避免职责同构影响行政效率。“职责同构”一直是影响中国行政体制改革和行政管理效率的深层体制性问题，全国一体化在线政务服务平台的设计有利于从技术上突破职责同构的体制束缚，因此，在分工协作的基础上共同建设全国一体化在线政务服务平台，也应注意部门职权配置的层级性和差异化问题，如充分考虑设区的市与区县的政务服务能力差异，在权限赋予、资源配置等方面予以统筹规划。

（三）行政法学和政府法治理论

全国一体化在线政务服务平台对传统的行政法学和政府法治理论产生了重要影响，是法学理论创新的重要增长点。传统行政法学与政府法治理论针对的是线下的行政管理制度立法设计与依法行政，如行政程序、行政证据、相对人权利义务等，随着大量政务服务转移到线上后，行政法律规范适用的场景发生转移，传统的依法行政发生了重大变化，如线上与线下的行政证据种类、标准和收集方式不相同，电子证照的推广使得依然认定纸质版证照为唯一合法证据的行政管理法律法规无法适应新形势新要求，势必要作出改变。

构建全国一体化在线政务服务平台，必须推进实现政府法治理念的转型与进步。尽管我们一直在进行法治政府建设的探索与推进，并取得了重大成绩，但对照现实需求和社会转型，依然存在亟待完善的空间。全国一体化在线政务服务平台的建设推进，是对政府法治理念的重大冲击：既往的法治政府建设虽然强调为人民服务的宗旨与便民利民的价值取向，但依然是以改革政府自身行政水平为出发点，以方便和优化政府行政管理为核心，强调的是法治服务于行政效率的提升，未将充分对接公众需求作为改革和法治建设的重要主题；全国一体化在线政务服务平台则是充分对接公众需求，以方便群众办事为核心的制度建设与治理改革，正如国务院《指导意见》所提出的“推动政务服务从政府供给导向向群众需求导向转变，从‘线下跑’向‘网上办’、‘分头办’向‘协同办’转变”的要求，其大量制度设计与建设安排并不是为政府提供方便，反而是为政府“增加”了工作量而为群众提供了方便，这正是政府法治理念的重要转型和重大进步。

构建全国一体化在线政务服务平台，还需要依法行政内容方式的突破与革新。政务服务由线下转到线上，履行政务服务职能的大量行政行为通过线上完成，如行政许可和审批、行政给付等，行政处罚与强制也会并入线上进行，因此依法行政面临着从内容到形式的转换：行政行为的即时性增强而现场感减少，大量证据通过线上提交，对证据的审查方式也发生变化，进而影响了相对人权利义务。依法行政必须进行突破与改革，行政行为要符合线上执法规律与规范要求。另外，还要及时修改与完善行政管理法律法规。当前法律法规不足以应对和规范在线政务服务平台的运行要求，有必要根据实践需求修改和完善行政管理的法律法规与规章制度，扫清全国一体化在线政务服务平台的体制机制障碍，为平台运行提供充分的法治基础。

二　中国构建国家治理现代化政务服务平台的发展

近年来，从中央到地方，各级各地有关部门聚焦为群众全心全意服务、为企业解决实际困难，致力于“创新行政管理和服务方式，加快推进全国一体化政务服务平台建设”①，全国政务服务一张网的格局初步形成，政府有关部门运用大数据等先进技术提升整体服务、协同服务、精准服务和创新服务的能力都有了明显提升。

（一）组织领导机制越来越健全完善

第一，全国一体化在线政务服务平台建设和管理协调工作小组发挥了核心作用。近年来，国务院办公厅牵头成立的全国一体化在线政务服务平台建设和管理协调工作小组在平台建设组织领导中发挥了关键性主导作用，关于在线政务服务和平台建设的大量政策文件与工作安排由工作小组牵头或参与制定，如由国务院办公厅出台的《关于切实解决老年人运用智能技术困难的实施方案》由电子政务办公室组织制定。

第二，省级一体化在线政务服务平台建设协调小组等议事机构发挥了重要作用。全国各省、自治区、直辖市都已根据国务院《指导意见》出台了相关配套文件和方案，并成立了相关工作协调小组等议事机构，明确了各自职能与分工，具体指导各省市区一体化在线政务服务平台建设工作。

第三，市县级一体化政务在线服务平台建设组织机构逐步完善。目前，全国市县两级政务服务平台已与省级平台充分对接，同时向下对接至乡镇和村委会、居委会。各地以政务服务网为依托（由本级政府的政务服务管理办公室主管），在省级政务服务网站首页可以定位所辖市、区县以及乡镇。

（二）政府各层级和部门间分工协作更加科学

根据国务院有关意见和文件指示精神，在全国一体化在线政务服务平台建设过程中，从国务院办公厅到国务院有关部门，以及地方各

---

① 《中共中央关于坚持和完善中国特色社会主义制度 推进国家治理体系和治理能力现代化若干重大问题的决定》，人民出版社 2019 年版，第 16 页。

级政府，基本实现了层级和部门间的明确分工与紧密协作，形成了科学有效的建设保障与工作推进机制。

一是制定了科学和明确的标准规范体系。国务院办公厅电子政务办公室联合国务院有关部门，统一制定了关于全国一体化在线政务服务平台建设一系列国家标准，集中在电子证照领域，如《建筑工程施工许可证》《一级建造师注册证书》《水利工程建设监理单位资质等级证书》《超限运输车辆通行证》《执业兽医资格证书》《高危险性体育项目经营许可证》等。这些电子证照标准都是根据全国一体化政务在线服务平台的具体要求而制定的，表明国务院办公厅作为牵头单位，反应迅速、动作及时，较好地完成了标准制定任务。

二是平台建设与工作推进深度融合“放管服”等改革要求。当前，各级在线政务服务平台建设指导文件所提出的价值理念、指导思想、规范标准、操作流程、工作重点，以及平台建设的具体工作推进和创新实践等，都深度融合了政府职能转变和“放管服”改革需求，体现为各级平台主管部门参与承担“放管服”改革的重要任务，在线政务服务平台便民高效的制度设计、网站布局和管理运行都围绕政府职能转变的主题以及“放管服”改革要求，各地由在线政务服务平台建设推动主导的一系列改革，如各地成立行政审批服务局和推进“市县同权”改革等，均为“放管服”改革的组成部分。

三是层级对接、部门协作、跨省办理等发展迅速。截至2021年上半年，全国一体化在线政务服务平台搭建了层级对接、互联互通的运行架构：国家政务服务平台已上线试运行，直通国务院45个部门的1376项服务事项，以及31个省（自治区、直辖市）和新疆生产建设兵团共515万多项政务服务事项；国家政府服务平台设立跨省通办专区，分为全程网办、异地代收代办、多地联办三种方式，目前平台上公布的个人办事事项为126个，法人办事事项为146个，跨省通办事项逐渐增多、功能日趋完善。

四是各地平台建设经费保障与社会参与较为充分。各地在线政务服务平台建设配备专项经费，并通过政务购买服务，委托专业公司进行技术设计和运行，如G省F市配备了“一门式一网式”政务服务改革专项经费，购买北京国脉互联信息顾问有限公司专业技术服务，优化在线政务服务平台建设；北京国脉互联信息顾问有限公司从F市“一门一网式”改革的现实出发，理清F市“互联网+政务服务”的工作基础及存在问题，有针对性地提出解决措施及建议，明晰F市在推进“互联网+政务服务”改革过程中的总体思路和建设目标，规划好建设内容与总体框架，梳理好推进计划，形成完整的建设方案，为F市“互联网+政务服务”示范工程建设提供参考，取得良好效果，成为政府购买服务、社会参与政务服务平台建设的典型案例。

（三）培训交流日益丰富多元

全国一体化政务在线服务平台建设专业性比较强，相关技术性、规范性要求也比较高，涉及网络技术、行政管理业务、法律法规等领域，需要有针对性的业务培训才能推进这项工作取得实效。当前各地在线政务服务平台建设的培训交流日益丰富多元。

一是业务培训形成常态化机制。2018年9月，国务院办公厅召开相关工作动员部署暨集中培训会，各省（区、市）人民政府、新疆生产建设兵团和国务院有关部门参加了会议，此次会议对推进平台建设的各项工作作出进一步要求，为全国一体化政务在线服务平台建设培训工作形成常态化机制奠定了基础。其后，全国各地都针对一体化政务在线服务平台建设工作，采取上级业务机关指导、实地考察典型案例、邀请专业人士和专家学者授课等各种方式方法，培养提高工作人员的业务技能。除此之外，还有“腾讯课堂”公开课等其他方式，日趋多元丰富。

二是沟通交流机制进一步畅通。2019年1月，国务院办公厅组织召开了全国一体化在线政务服务平台全面对接暨现场交流会，全国各省市区及国务院相关部委出席会议，会议的主要任务是全面部署各地区、国务院有关部门与国家政务服务平台对接工作。各地依托在线政务服务平台建设，强化部门间沟通交流与协作，改变了政务服务政出多门的局面，取得了良好效果。

三是大部分地区试点工作已完成。自 2018 年《指导意见》发布以来，中央及全国各地积极开展在线政务服务平台试点工作，取得良好成绩。2019 年 5 月，作为全国政务服务总枢纽的国家政务服务平台上线试运行，涵盖了国务院 45 个部门及全国 31 个省市区和新疆建设兵团的在线服务内容，为全国各地区各部门政务服务平台提供“三个公共”和“七个统一”① 支撑服务作用，推动实现了一网通办、汇聚数据信息、实现交换共享、强化动态监管四大功能，推动解决了过去由于数据不开放、不共享、不互联而导致的各类难题。三年多来，大部分地区的试点工作已全部完成，形成了全国一体化政务在线服务平台全辐射和全覆盖。2020 年初以来，面对新冠疫情“大考”，依托全国一体化政务在线服务平台，全国大部分省市区的健康码在较短时间内实现了信息共享、互通互认，为“一码通行”提供了有力支撑。

（四）督查考核取得初步成效

《指导意见》对构建全国一体化在线政务服务平台的督查考核机制作出了专项规定，明确了督查考核的具体范围、考核周期及内容。自全国性试点工作开展以来，各省市区和国务院有关部委都积极把政务平台建设工作纳入督查和考核范围，充分发挥了督查考核的积极推动作用。

一是各级纷纷制定平台建设管理考核办法。国务院办公厅和各部委及各省市区都根据各自实际需求制定在线政务服务平台建设管理考核办法，实现督查考核工作制度化、规范化、标准化、常态化。在国务院办公厅 2019 年 12 月制定出台的《关于建立政务服务“好差评”制度 提高政务服务水平的意见》、国家市场监管总局 2020 年 12 月发

① “三个公共”：公共入口，公共通道，公共支撑；“七个统一”：统一身份认证，统一证照服务，统一服务事项，统一投诉建议，统一好差评，统一用户服务，统一搜索服务。

布的《政务服务评价工作指南》《政务服务“一次一评”“一事一评”工作规范》等有关文件的指导下，全国各省市区都出台相关配套文件和实施方案，比如《H省线上政务服务考核办法（暂行）》《G省政务服务“好差评”管理办法》等，逐渐建立起了规范完整的督查考核体制。再比如，Z省通过全省统一的政务咨询投诉举报平台，向全省公众提供咨询、投诉、举报、建议、查询评价、视频信访等服务，实现投诉举报事项的统一流转、统一查询、统一督办等功能，将“一张网”建设纳入政府绩效考核体系，加大考核权重列为重点督查事项。

二是第三方评估方式得到进一步推广。目前一些科研单位承担起在线政务服务和数字政府评估工作。其中有代表性的是中央党校（国家行政学院）电子政务研究中心和清华大学数据治理研究中心：前者开展考试测评、政府绩效相关领域的理论研究、技术开发和咨询服务工作，取得了良好效果。后者建立了政府大数据分析平台，聚焦政务大数据，为研究人员提供政府网站、网络问政平台、政务热线、法规政策文件等政务数据的采集和分析服务，致力于推进大数据政治学科建设的公共品供给，其代表性成果为每年的《数字政府发展指数报告》。

（五）相关法律法规不断完善

政务服务由线下转为线上，背后是治理方式及其制度依据的深刻转型，相关法律法规和规章政策的立改废释是转型合法性的重要渊源。因此，全国一体化在线政务服务平台建设与运行需要法治建设的深度参与以提供制度性基础与行为依据。

一是建立和完善了综合政策和法律体系。为了给推进全国一体化政务在线平台提供制度和法律保障，除了《指导意见》外，国家层面还出台了《国家政务信息化项目建设管理办法》《国务院关于在线政务服务的若干规定》等规范性文件。各省市区也根据国务院指导性文件和有关行政法规，及时制定出台了地方性配套文件、方案和行政法规，如《Y省政务服务网管理办法（试行）》《L省电子政务和政务数据管理办法》《G省地理空间数据管理办法（试行）》等，形成了规范统一的综合保障体系。

二是赋予电子印章、电子证照等同等法律效力。2018年11月，国家有关部门联合发布了电子证照六项国家标准①，并于2019年1月正式实施。这一系列标准的发布，在表明国家越来越重视信息化建设，并将其作为推进国家治理现代化重要手段的同时，也赋予了电子印章、电子证照等具有和普通印章及证照同等的法律效力，对于推进全国一体化在线政务服务平台建设，为群众提供更加便捷、高效的政务服务，具有极其深远的现实意义。

三是对有关法律法规和规范性文件进行了修改完善。结合全国一体化在线政务平台建设要求和实际，国务院对有关行政法规进行了认真梳理，对于各行政法规中与在线政务平台建设不相适应的条款进行了内容上的调整。比如，为了推动无纸化网络办公不再有法律法规障碍，对于《互联网上网服务营业场所管理条例》中原先规定的《网络文化经营许可证》必须持相关文件现场办理的条款，对于《住房公积金管理条例》中规定办理主体必须现场办理或提交纸质材料等内容，就进行了删除处理，更加重视数据网络传输和推行无纸化行政办公模式。

三　制约中国构建国家治理现代化政务服务平台的因素

近年来，在国务院《指导意见》等相关文件的指引下，在全国各地政府的共同努力下，全国一体化在线政务服务平台建设工作进展顺利，取得了很大实效。然而，总体来看，目前全国一体化政务在线

① 即《电子证照 总体技术架构》《电子证照 目录信息规范》《电子证照 元数据规范》《电子证照 标识规范》《电子证照 文件技术要求》《电子证照 共享服务接口规范》。

服务平台仍在探索运行阶段，各方面环节还有待进一步完善，在建设实践中仍然存在一些问题短板和制约因素。

（一）政务平台服务水平的区域和城乡差别较大

清华大学数据治理研究中心在《2020年数字政府指数发展报告》中指出了当前数字政府发展不平衡的现状：经济相对发达的东部地区明显强于经济相对落后的中部和西部地区，全国数字政府建设的领先省份基本都处于东部地区。而中部地区区域内各省份差距并不大，但整体上又领先于西部地区。西部地区虽然在数字政府建设方面整体落后，但是又有Y省、C省由于大数据产业相对发达等原因而在数字政府建设方面取得了不菲成绩。这种情形的出现与经济发展水平、财政支撑、科技能力、资源投入、机遇优势等基础条件紧密联系，区域发展不平衡最终会影响在线政务服务平台的“一体化”进程。

（二）政务服务平台的数据共享程度有待提升

从全国各地政务平台建设的实践来看，条块分割、信息孤岛、信息烟囱等数据不共享、不互通现象在某些政府部门和机构之间依然普遍存在。全国一体化在线政务服务平台致力于打通信息壁垒，但实践中各层级信息系统庞杂，整合难度大：各类业务操作系统少则十几套，多则几十套，按照建设层级划分有国家部委、省厅和市级，按照应用网络环境划分有电子政务内网、电子政务外网、业务专网等，条框较多，不同系统平台需要重复注册、录入、验证，部分业务专网的数据开放权限在国家部委或省厅，未能对接政务服务平台，市县缺乏对接权限与渠道，导致工作人员重复录入信息，“一网通办”仍未能真正实现。

（三）法治保障和制度规范支撑不足

目前，全国一体化在线政务服务平台建设发展尚处在各项改革的交汇期，一方面技术发展带来新的改革动力和契机，另一方面体制机制的调整更加复杂，法治保障与规范支撑更加重要。尽管通过立改废释出台了适应在线政务服务平台运行的法律、法规、规章和规范性文件，但总体上看不系统，距离改革目标仍有差距。一是相关上位法未及时修改，形成平台建设和相关改革的法治制约，如《中华人民共和国农业法》《中华人民共和国食品安全法》等法律授权原职能部门行政审批权限，规定原职能部门为审批事项法律责任主体，而审批事项集中到行政审批服务局以及推送至线上办理，缺乏法律法规支撑，造成权责矛盾与相互推诿问题，不利于企业和群众办事。二是未针对全国一体化在线政务服务平台运行和建设出台专门的法律法规。全国一体化在线政务服务平台的法律法规制定和修改处于分散状态，仅就一些急需的领域进行了修改和清理，缺乏系统性、整体性的法律法规和规章设计，未能为平台建设和运行提供具体清晰的法治依据与规范基础，也未能解决与传统线下政务服务之间的职能区分、效力认定，等等。三是未规定全国一体化在线政务服务平台行为的法律性质与可诉性。虽然在线政务服务平台只是政务服务行为的载体，但平台本身有独立性，其自身行为如网站信息公布、个人信息保护、政务信息推送等如何认定法律性质与效力，因平台自身问题引起的侵犯公民或企业合法权益的行为是否可诉，是民事诉讼还是行政诉讼，如果可诉由谁做诉讼主体等诸类问题尚待理论研究和实践推进。

（四）平台建设的标准体系尚未完善

《指导意见》要求“推动建设全国一体化在线政务服务平台标准规范体系、安全保障体系和运营管理体系”，目前三大体系建设虽然取得初步成效，依然存在短板。一是标准规范体系未形成系统。全国一体化在线政务服务平台标准规范体系集中在电子证照领域，其他领域的制定标准较为分散，且未形成系统，进而影响了“一网通办”“一次办好”等目标的实现。二是安全保障体系与运营管理体系仍未健全。尽管在线政务服务网络安全得到了充分重视，但仍然存在安全隐患。

（五）层级和部门分工协作能力尚待提升

全国一体化在线政务服务平台的三级平台体制已经建立运行，从中央到地方都成立了组织协调机构以配置资源和职权，各部门根据文件要求分工协作、承担职能。但受限于“条块分割”的行政体制以及运行机制弊端，一体化在线政务服务平台运行在层级和部门分工协作能力方面尚待进一步提升。以行政审批改革为例，L 省在市县两级成立了行政审批服务局，集中审批权限，在线政务服务平台的行政审批权限也由行政审批服务局行使，但国务院和省级均未成立统一的行政审批机构，审批事项依然分布于上级各主管部门，一方面造成市级向上多头对接，拖延平台办事效率，另一方面缺乏对市县行政审批机构在线的业务指导与培训，阻碍了工作质量的提升。在跨省通办领域，不同省份机构设置不一，甚至负责在线政务平台建设与维护的机构名称不一致，有的是“大数据发展管理局”，有的是“大数据局”，还有的是“政务服务数据管理局”，其职能互有差别，在业务对接方面会产生一些问题。

（六）数据“二次录入”问题制约“一网通办”的效果

目前，全国各省市区大都已经搭建完成统一的政务服务网，从政务服务来说以后不应该再有专网（专线）。但实际情况是，各地住建、畜牧、农业、公安等部门仍有多条专网（专线），大概三分之一的部门还有专网（专线），可以说业务量大的部门都有专网（专线）。以 L 省为例，在政务服务网上申请办理《危险货物运输经营以外的道路货运运输经营许可证》，这一项行政许可事项需要“二次录入”。在材料审查通过之后，工作人员必须将这些信息录入“专网”——L 省道路运政管理服务信息系统。只有专网进、专网出，才能打印出相关许可证。办事群众在政务服务网上录入信息，相关工作人员预审通过后，再录入专网（专线）进行审批。这样的“二次录入”增加了工作量，降低了效率。又如，按照有关规定，该省文化部门负责的行政许可事项有 18 项，其中设立经营娱乐场所、网吧等三项审批业务，不能在本地政务平台上完成，需要进入中国文化市场网“二次录入”到全国文化市场技术监管与服务平台才能完成审批。当然，这种现象并非一个省的难处，而是全国各省市区普遍存在的痛点。

（七）省级一体化平台推广过程中面临权责不平衡问题

当前一体化政务在线服务平台建设过程基本上是由省级完成平台建设和安装部署，事项和业务信息通过培训和填报的方式逐级布置工作任务，最终由各级职能部门完成填报。在此过程中，下级政府需要承担大量的工作和责任，包括事项梳理、信息资源对接、体制调整、宣传推广等。但相应地，基层管理者普遍表示了对缺乏平台管理自主性的不适。例如由于权限问题无法全面查询本行政区的政务数据，无法对业务进行及时的灵活调整，对于系统的任何变更需求都无法保证得到及时响应等。

四　运用大数据构建好国家治理现代化政务服务平台

《指导意见》提出了 2022 年底前的工作目标，规定除法律法规另有规定或涉密等外，政务服务事项全部纳入平台办理，全国范围内政务服务事项基本做到标准统一、整体联动、业务协同，全面实现“一网通办”。要实现这个目标，必须立足于当前全国一体化政务在线服务平台建设现状，特别是要树立问题意识，着力破解实践中存在的一系列制约因素，推进全国一体化政务在线服务平台又好又快发展。

（一）强化系统化、整体性顶层设计

全国一体化在线政务服务平台系统性很强、涵盖的层级和部门较多，涉及规范依据、标准、程序、权责等各项职能和内容，顶层设计的科学性决定了平台运行的效率，其中系统化、整体性理念至关

重要。

加强系统化顶层设计，就是要坚持统筹规划平台建设所涉及的方方面面问题，使平台各个要素和各个环节顺畅衔接、有序运转。一是进一步明确全国一体化在线政务服务平台综合性标准体系的制定主体与责任。在目前电子证照等新国家标准出台的基础上，应着力打造综合性标准体系，包括标准规范体系、安全保障体系和运营管理体系，为平台建设提供统一的标准依据。同时，要进一步明确主体责任，如牵头部门、参与部门、实施主体、考核主体、具体责任等情况，使标准制定工作真正落地落实，实现其支撑平台运转的功能。要把推进电子政务国家标准和行业标准发展作为重中之重，在政务信息资源整合共享过程中遇到的困难从来不是技术问题，更多的是体制和业务的问题。以不同业务逻辑设计的系统，天然地存在对接上的壁垒，这是技术所不能解决的。破解之道唯有加强电子政务信息化建设领域的标准建设，从技术和业务的两个层面逐步规范业务系统的建设。按照“急用先行，分类推进”的原则，对于高频、热点的业务，可以单独设定标准。二是重视建设平台运行的安全保障体系。随着在线政务服务的兴起和一体化平台的投入使用，网络安全也越来越重要。一方面要制定科学有效的安全保障标准与制度体系，明确维护平台网络安全的主体和职责，从规范依据和体制机制层面解决安全保障的操作性问题；另一方面要通过政府购买服务方式引进先进网络技术进行安全防御设计，利用云计算、大数据技术建立起安全防护体系，为政务信息化健康运行提供完备的解决方案。三是建立内部政务规范以完善运营管理体系。可以通过先行制定运营管理体系规范性文件的方式进行制度设计探索，把平台运营管理作为规范对象，规定主体、程序、权责等内容。地方政府可以参考《S省机关运行保障条例》，将全国一体化在线政务服务平台的运营管理纳入法治框架，通过地方性法规或规章来规范平台运营行为，待平台功能完善、在线政务服务全面成熟后，可以制定法律或行政法规，完成国家层面的统一立法。

加强整体性顶层设计，重点是规范层级和部门协同创新。层级与部门分工协作既是全国一体化在线政务服务平台致力于打破线下行政管理体制弊端的改革内容，又是制约平台建设和运行的重点改革对象。要以整体性设计规范层级和部门的协同创新，避免出现改革之间的矛盾冲突。一方面，重视不同区域之间、部门之间的协同发展。中央应统筹规划，加大对中西部地区、落后地区和基层的财政与技术支持，提升在线政务服务平台建设能力；针对落后地区以及建设力量不足的部门，应加大政策优惠力度和资源倾斜力度，使网络技术普惠各个领域，缩小东西部差距，促进真正实现“全国一体化”平台建设目标。另一方面，统一部门设置与职能配置，理顺层级和区域关系。明确国家和省级行政审批服务主管业务部门，以及一体化在线政务服务平台运营主管部门，明确相关职责，打通省、市、县三级行政审批体制与在线政务服务平台。整合部门改革力量，协同发力完成改革目标，如整合大数据局与业务部门职责，实现信息技术与政务服务业务工作的深度融合，解决深层问题。对不同省份机构设置不统一问题，应出台业务对接机制，着力扫清跨省通办的障碍。

（二）完善开放共享的数据治理体系

数据的开放和共享，能够有效降低公众的搜索成本，并有效解决由于数据碎片化而不能提供数据支撑的问题。“利用跨机构的共享数据库，我们可以在公众和政府互动的领域进行更大范围的信息和服务整合。”① 为此，就要加强一体化公共数据平台建设，加快形成上下贯通、中央省市县乡一体的整体治理格局，发挥系统整体性优势，提升数据服务及创新效能。按照“统分结合、互联互通、充分共享、集约建设”的原则，明确中央省市各级平台差异化定位，逐步实现数据、算力、算法一体化共建共享共用。加快完善公共数据目录体系，推动各类公共事业单位及其他社会数据资源统一纳入，实现数据

① ［美］简·E. 芳汀：《构建虚拟政府：信息技术与制度创新》，邵国松译，中国人民大学出版社2010年版，第24页。

目录化、目录全局化、全局动态化、动态实时化。以“一数一源”为目标，健全数据质量相关标准规范，坚持顶层设计与基层首创相结合，实现目录标准化，确保数据全面、及时、准确、安全。完善数据质量评估标准和问题反馈机制，形成数据全生命周期的治理闭环。加强地方平台与国家一体化政务在线服务平台对接，推进与党委、人大、政协、法院、检察院等系统的数据共享，推进省市公共数据一体化架构、差异化建设、协同化共享。建立数据一体化共建共享共用机制，统筹考虑视频数据共建共享共用。

加强数据资源共享开放应用创新。围绕重大改革和重点应用领域，坚持“以终为始”的原则，加强公共数据平台对多业务协同应用的支撑，建立中央省市县共用的“一地创新、全国受益”的数据共享应用模式。加快与国家级业务系统全面对接，推动跨地区区域公共数据共享，健全完善数据闭环流转机制，促进数据回流赋能基层治理。持续组织数据开放创新应用大赛，充分发挥地方特色，开发出兼具创新性与可实施落地的数据应用，推动全社会利用政府开放数据创造价值。

突破信息壁垒，优化层级和部门之间的关系。大力整合各业务系统专网，从国家层面畅通基本政务信息网络，向省市开放信息权限。加大协调力度，强化技术支持，打通省级各部门信息专网，从改革大局出发破除部门利益壁垒，明确系统开放、数据共享、信息互通的时间点、任务表和主体责任，打通省级“信息烟囱”问题。畅通省级部门与市县的信息互通渠道与权责关系，明确由市县行使的事项权限，省级相关部门应主动配合信息共享与权限开放，真正做到“一网通办”与权责明晰。

（三）优化政务线上线下服务流程

推进党政机构顺畅运行。加强数据获取、数据共享、系统集成，加快政府履职方式方法系统性数字化重塑。以数据共享开发推动建设基层减负应用，探索构建“还数于基层、服务于基层”的现代化治理体系。

促进公共服务智慧均等。开展未来社区数字化协同发展试点，构建未来邻里、教育、健康、创业等数字化创新场景。围绕出行、就医、消费、文娱、办事等高频事项和服务场景，让老年人、残疾人等特殊人群在信息化发展中有更多获得感、幸福感、安全感。构建退役军人全生命周期管理保障新模式。充分发挥政府数字化转型对促进政府公共资源优化配置的作用，推动优质公共服务向基层、特殊人群和欠发达地区延伸，有效促进公共服务公平普惠。

推动政务服务提质增效。加快推进政务服务事项“一网通办”，健全全国统一、线上线下融合的政务服务体系，促进行政服务中心效能提升、组织变革，改革优化乡镇基层便民服务中心工作职能。完善城市频道创新应用，优化智能服务体验，全面融合便民惠企高频刚需服务，实现各类场景化民生应用“一端”集成、“网购式”办事。全面推动“一件事”迭代升级，推行告知承诺制和“信用 + 政务服务”。提升跨区域“一网通办”政务服务能力，完善中央省市协同机制及各地市职责定位，支持部分省份打造国家“跨省通办”标杆。

持续优化提升营商环境。深化商事登记制度改革，全面融合线上线下业务，提升企业开办、建筑许可办理、用电用水用气、不动产登记、信贷服务、跨境贸易、纳税、企业注销、知识产权保护、项目管理等“10 + N”指标便利化水平。推动网上立案、网上庭审，实现全流程无纸化办案，提升合同执行、商事纠纷便利度。进一步推动惠企政策上线，加快惠企政策集成在线兑付，准确评估惠企政策的目标实现情况，推动各项惠企政策持续优化。

（四）构建智能安全的一体化保障支撑体系

推进数字政府基础设施建设。以需求为导向，有序发展规模适中、集约绿色的数据中心，探索建立联动建设、协同运行机制。完善全国“一朵云”体系，加强省市政务云规划管理，按需打造特色行业云，搭建统一的政务云资源管理平台，推动建立省级云资源统一调度和动态管理机制，提升云资源使用效能，降低各级部门算力使用成本和门槛。按照统一政务云标准，加快推进全国政务云体系的融合互通，实现全国政务云资源的共建共享、互联互通、统一调配。重点做好医疗健康、医保、社保等与民生密切相关的云资源保障工作。推进电子政务网络改造升级，在安全可控的基础上横向覆盖公共服务相关企事业单位。迭代升级全国统一的电子政务视联网。加强对物联感知设备统筹管理，统一物联感知设备规划布局、建设运营、标准规范，重点推进交通、水利、环保、气象、地下综合管廊等智能物联感知体系建设。

建设一体化应用支撑平台。按照“大中台、小前台”理念，加快一体化应用支撑平台建设。持续提升业务中心能力，以数据定义服务，建立全省统一的事项目录体系，规范事项基本属性、表单、流程、材料、数据对接、系统对接、办件等要素标准，完善政务知识图谱，形成可机器处理的结构化语言。持续优化交互中心功能，实现统一搜索、导服、支付、物流、评价等交互体验。提升路由中心联通调度能力，实现数据交换共享和系统模块间的灵活按需调度。创新建设智能中心，通过区块链、泛人工智能、大数据等技术应用，持续拓展智能辅助决策、智能材料预审等应用场景。加快运营管理中心建设，建立标准化的运营指标体系和跟踪评价体系，有效支撑业务运营效能提升。

提高政务信息资源平台设计水平，做到清晰明了地为公众提供相对应的服务。在政务信息安全方面增加投入，建设安全的网络设置及管理设备，密切监控网络运行状况，提升网络防御能力，狙击恶意网络攻击，确保数据信息安全。充分调动社会力量参与信息化建设，寻求与第三方企业深度合作从而增强政府部门信息安全保障能力。探索利用区块链数据共享模式，构建权责清晰的公共数据服务体系。

增强安全意识，防止国家机密信息从内部成员中泄露出去。不断加强网络安全防护力量建设，提高应急与安全防护能力，积极应对政务外网入侵事件、网络违规事件、流量异常事件等，提高对其处置力度，全面构建电子政务网络一体化安全防护体系，保障“互联网+政务服务”的安全运行。将信息化发展纳入法治化轨道，加快完善法律及标准规范体系。

加强人才队伍建设，提高工作人员的专业水平。政务服务一体化建设专业性强、理论要求高，工作人员既要具备组织管理能力，又要掌握大数据等专业技能。因此，必须打造一支高素质、复合式人才队伍。要加强对在岗工作人员的培训，使其定期接受政务服务相关的学习，通过学习政治理论、法律法规和业务培训，不断加强思想品德和作风教育，充分调动政务大厅工作人员的积极性、创造性，增强工作人员的责任感，促使其工作水平不断提高。注重培养与关爱同步并举的人才模式，以文化建设为突破口，通过文化软实力不断增强凝聚力和战斗力，打造一支具有文化向心力、团队凝聚力的优秀政务服务团队。实现人员统一规范管理，打破行政大厅政务服务人员及窗口人员以往由部门派驻各部门管理的传统，所有人员实现规范集成、管理集成、服务集成，使窗口服务提质增效。注重全科人才的培养，通过制定严格的培训机制、考核机制、轮岗机制、帮带机制，使政务服务人员全科服务能力有效提升。建立健全完备的绩效考核机制，考核的标准要细化、数据化，做到客观公正，才能更为有效地激励广大工作人员更好地完成工作，为企业群众提供更为优质的服务。

（五）打造公平公正的一网通管体系

全面支撑部门联合监管。树立“大综合、大监管”理念，完善“互联网+监管”平台，强化监管合力，实现政府监管领域全覆盖、多部门联合监管常态化。探索通过运用视联网、物联网各类先进技术手段，对监管对象进行远程和移动监管与风险预警及防控，有效支撑“双随机、一公开”，减少市场主体正常经营活动干扰。强化市场监管、文化市场、生态环保、交通运输、农业五大综合执法领域工作的有效衔接，推进综合行政执法改革，加强日常监管结果在综合执法工作中的运用，推进“综合查一次”，促进行政执法与刑事司法领域衔接。加强重点领域监管，不断强化数字化对关系国家安全和人民生命健康等重点领域的监管职能。

强化信用监管机制。深化公共信用信息平台建设，推进行业信用信息系统互联互通，完善政企数据流通机制，做到各类信息“应归尽归”，构建覆盖所有市场主体的信用监管体系，根据“通用 + 专用”信用评级及风险采取差异化监管措施。实现证明事项和涉企经营许可事项告知承诺制的信用监管全覆盖，积极推动长三角地区的失信行为标准互认、惩戒措施路径互通的跨区域信用联合惩戒制度建设，加强信用成果在工程建设领域保证金制度改革中的应用。

加强监管数据创新利用。推动各领域主管部门利用数字化技术和工具创新监管方式，实现监管数据可比对、过程可追溯、问题可监测，及时动态掌握监管对象运行情况及其规律特征。运用大数据、人工智能、物联网等技术创新智能监管手段，减少监管盲区，提升监管效能，降低监管成本。充分运用政务新媒体、互联网舆情信息、统一政务咨询投诉举报平台（12345）信息、消费者维权信息等，动态分析投诉热点，主动发现和识别违法违规线索，提升政府依法履职能力。加强对执法全过程文字和音像数据的分析挖掘，充分发挥执法记录的规范执法监督作用和依法履职保障作用。

（六）建立健全相关制度和规则

作为一项涉及面广、创新性强的庞杂整体性工程，建立全国一体化政务在线服务平台必须建立完善的法规制度予以保障，特别是要适应时代要求，建立健全运用大数据等新技术手段从事国家治理的制度规则。出台政务服务平台运行管理制度，建立高效工作机制，形成合力，有序保障平台规范、安全、稳定运行。

同时，还要重视以法治化方式推进构建全国一体化政务在线服务平台。各项改革和创新必须坚持法治方向，即改革于法有据、运行有法可依、遵循法定权限和程序、承担法律责任等。同时，改革存在的体制机制问题也要以法治化方式化解。既要完善网络安全法律、法规体系，又要晒出权力清单、责任清单，优化服务流程，精简办事环节。

一是要坚持平台建设立法先行，筑牢改革的法治基础。一方面，建议有关业务部门针对全国一体化在线政务服务平台的改革需求，提出制定、修改、清理相关法律法规的建议，上报全国人大常委会和国务院，对不适应改革的法律、行政法规、部门规章和规范性文件，全国人大常委会和国务院通过“立、改、废、释”等方式扫清改革的法治障碍，增强改革的合法性。另一方面，应围绕全国一体化在线政务服务平台改革结果，如电子证照、线上办理流程等，针对法律法规中设定的与业务权限相冲突或矛盾的内容，进行合理化的制度设计，避免法治不统一。

二是要积极出台全国一体化在线政务服务平台专门性法律法规。改变当前平台建设和运行规范依据的分散性问题，建议国务院出台行政法规，如全国一体化在线政务服务平台运行管理条例等，明确主管部门职权责任、权力范围、行为程序等内容，规范平台日常运行行为，解决与传统线下政务服务之间的职能区分、效力认定等问题。要从理论和实践两个层面明确一体化平台的法律地位，以及平台职务行为、管理行为的法律性质，业务部门与平台之间的法律关系，从诉讼法实践角度明确平台自身行为的可诉性问题。

第六章　运用大数据促进中国国家治理现代化的保障措施

大数据促进国家治理现代化是一项系统工程，需要多方力量共同参与、一起推进，这其中不能缺少智库的重要支撑作用，不能忽视网络意识形态治理，更不能离开党的全面领导这个坚强保障。因此，充分发挥大数据对于国家治理现代化的推动作用，除了前文所论析的要树立大数据国家治理观念、深化体制机制改革、推进数据互通共享、促进大数据产业发展、加强大数据人才培养等总体性举措，以及建设数字政府、构建大数据施政平台的核心性举措，还要重视运用大数据建设中国特色新型智库、维护网络意识形态安全，以及不断提升全面从严治党水平。

一　运用大数据建设中国特色新型智库

智库在现代国家治理过程中发挥着重要的决策咨询作用，是现代国家治理体系当中不可缺少的重要一环。智库数量的多少和质量的高低，既是一个国家软实力的重要体现，又是影响国家治理体系和治理能力现代化发展程度的重要因素。将大数据的理念、技术和方法运用于智库建设，能有效提升智库建设水平，使其更好地发挥“思想库”“智囊团”作用，进而推动国家治理现代化，更好地发挥国家治理效能。

（一）大数据与建设中国特色新型智库研究概述

2015 年，国家发布了《关于加强中国特色新型智库建设的意见》和《关于促进大数据发展的行动纲要》两个重要文件，以此为契机，学界有些人开始把大数据与推进建设中国特色新型智库结合起来进行研究，并取得了一定的成果。对大数据运用于新型智库建设也进行了一些研究。概括地说，这些研究主要体现在三方面：一是大数据对新型智库建设的作用及意义。有学者指出，大数据是支撑新型智库的核心竞争力，为智库有效发挥功能提供了“数字化”路径。有学者则认为，大数据既可以为智库研究提供精准依据，又可以为决策咨询提供信息以及技术上的有力支撑。二是大数据对新型智库建设的影响和带来的问题。有学者认为，大数据时代传统智库掌握数据信息的局限性，已经不能满足推动科学决策、精准决策、预判决策的时代要求。三是大数据促进新型智库建设的路径及措施。比如建立数据大连接、建立群智大数据、建立舆情大数据、建立公众云大数据，等等。

总体来看，目前学界对运用大数据促进新型智库建设的研究日益深入，这为本研究提供了有益的借鉴和参考。然而，从已有成果来看，仍然存在数量较少、内容单薄、缺乏系统性等问题与不足。对于大数据时代如何推进中国新型智库建设进行理论研究，显得十分紧迫和必要。

对于智库来说，全面掌握数据信息和正确处理数据信息非常重要。这也是智库研究成果对研究对象（比如经济社会发展的特点和趋势）作出科学论断的重要依据。对于建设中国特色新型智库来说也是如此，需要有畅通的信息渠道和掌握大量的数据信息，只有在信息渠道畅通和数据信息充分的前提下，智库才能有针对性地研究相关课题和为党委及政府建言献策。“作为信息载体，大数据可以使智库研究者的‘数据意识’有所转变，既重视直接数据，也重视关联数据和比较数据，既重视单一数据，也重视多元数据和互动数据，从而有效提高决策前定量分析的可靠性。”① 由此可见，建设中国特色新型智库必须充分重视发挥大数据的积极作用，要把大数据的技术和方法充分运用到推动智库发展的具体工作中，使数据信息能够为智库推出资政育人的高端成果提供必要的支撑。

（二）建设中国特色新型智库必须建立大数据支撑制度

大数据时代的到来，使得人们的思维方式、生活方式、工作方式都受到了大数据的深刻影响。中国各类智库要在新时代新形势下，更好地服务于社会主义市场经济，更好地服务于经济社会发展，更好地为党委和政府发挥好决策咨询作用，也必须顺应全球思维新常态，不失时机地运用大数据思维和技术提升新型智库发展水平。

建设中国特色新型智库，离不开健全完备的制度作为支撑和保障，这其中就包含着建立大数据的支撑保障制度。只有拥有健全完备的大数据支撑保障制度，中国特色新型智库建设才能跟上大数据时代的发展步伐，不断开拓出适应大数据时代的新功能，才能以大数据助力中国特色新型智库更加卓有成效地开展资政启民研究，在推动政府科学决策方面发挥更加积极主动的作用。建立大数据支撑发展制度，至少在以下三点对于中国特色新型智库的发展具有重要意义。

第一，建立大数据支撑发展制度能够使智库的研究成果“用数据说话”。在大数据时代，专家、科学和数据都将在政府决策咨询中发挥重要作用，“大众相信专家，专家主张用科学的方法解决问题，而科学的落脚点一定离不开数据”②。长期以来，一些智库研究人员习惯于“闭门造车”，对于有些课题不进行充分的调查研究就妄下结论。在这种情况下，他们当然也就拿不出具有原创性、高质量、高水平的研究成果，更提不上为决策层提供决策咨询了。而大数据作为一种现代化的研究工具，是智库提升研究能力和成果档次的重要手段。

① 姜春力：《大数据助力智库建设》，《经济》2016 年第 17 期。

② 涂子沛：《数据之巅：大数据革命，历史、现实与未来》，中信出版社 2014 年版，第 136 页。

近年来，运用大数据的技术和方法进行研究正逐渐成为智库发展的潮流。通过大数据分析，智库研究人员可以全面了解和精确分析某项公共事务的发展现状、主要特点、存在问题、发展趋势等，能够对所涉及的巨量数据信息进行充分的挖掘，不断通过分析汇总寻找规律，从而对社会主义市场经济的有关信息进行全面了解和准确掌握，对经济社会发展的总体趋势作出科学研判，这样才能真正服务好党委和政府，为其进行科学决策更有针对性地提出对策建议，从而不断提高研究成果的科学性、现实性、合理性。

第二，建立大数据支撑发展制度能够使智库对市场需求作出科学把握并不断推动优化决策。大数据时代从一定意义上说就是数据信息时代，而数据信息时代的一个重要特征就是文化多元、思想多元，从而也就导致了需求多元。要适应这个需求多元的大数据时代，智库势必要对自身发展策略作出相应调整，特别是要使其对党委和政府的决策咨询服务向着智能化方向、精准化方向和个性化方向发展。在这个过程中，大数据价值主要体现在“通过对海量数据进行分析，获得有巨大价值的产品和服务”①。中国特色新型智库如果建立健全了大数据支撑发展制度，就能使其研究牢牢建立在对市场需求进行有效分析和充分运用的基础上，这样研究者就能够比较精确地把握住市场主体的真正需求，特别是可以做到对各行各业各个领域和层次的市场主体需求进行精准定位。在这个过程中，不管是国有企业还是民营企业，或者是合资企业、外资企业，以及各种小微企业、行业垄断或是半垄断型企业，它们的各自需求都可以通过大数据的分析得出比较准确的结果，这样智库就可以更有针对性地开展相关研究，并为党委和政府提供更加切实有效的建言服务，这样就实现了以市场主体为中心的建言服务创新。

第三，建立大数据支撑发展制度能够使智库开展研究获得充足的数据信息。建设中国特色新型智库，必须重视大力发展大数据所带来

① 刘叶婷、唐斯斯：《大数据对政府治理的影响及挑战》，《电子政务》2014 年第 6 期。

的新生产力，这样才能有效应对决策层对于智库发挥咨政建言作用的新期待和新要求。所谓“巧妇难为无米之炊”，数据匮乏常常是困扰智库人员从事研究工作的难题。对于智库研究者来说，数据采集、数据共享、数据存储是开展研究的必备条件。大数据的技术和方法将有效拓宽研究人员获取数据的渠道，并且还能通过进一步的技术处理，对所得数据进行去伪存真、去芜存菁，从而达到获取元数据的目的。与此同时，大数据工具的采用还将有效推动数据资源的跨区域、跨部门流动，通过共同的平台载体实现不同数据信息的开放和共享，在这种情况下，智库研究者只要通过鼠标的轻轻点击就可以非常便捷地获取研究所需数据信息，从而可以极大地节省研究成本和提升成果水平。

总之，创新大数据支撑发展制度，不仅有利于从学理上系统梳理和深入分析把大数据融入中国特色新型智库建设的理论问题和实践问题，不断探究探寻中国特色新型智库在大数据时代应该如何发展的特点和规律，而且有利于通过智库为政府提供决策咨询作用，推动提升党委和政府科学决策水平和治理水平，从而优化政府治理服务，推动政府治理的智慧化决策、精细化决策。

（三）大数据促进中国特色新型智库建设的思路举措

从当前来看，中国的大多数智库都是官方智库或者是半官方智库，旧的体制惯性仍然在一定范围内发挥抑制作用，而社会智库还没有茁壮成长起来，在这种情况下，我们要把智库打造成现代化新型智库面临着更加严峻的挑战。这就要求我们必须把握住智库发展的规律，按照现代智库发展的特点建设中国特色新型智库，特别是要紧紧把握住大时代需求，运用大数据的技术和方法不断推进中国特色新型智库建设。

一方面，要把大数据的战略思维贯穿于中国特色新型智库建设。对于大数据来说，其关键要素并不是数据有多么“大”，而是要深刻理解大数据所蕴含的先进理念和思维。思维和观念如果不能得到及时更新，即使给了我们大数据这一工具，我们也无法对智库建设产生实质性的影响。因此，运用大数据促进中国特色新型智库发展，首要的一条就是要树立起大数据的思维和理念，并始终将其贯穿于中国特色新型智库建设的全过程，同时还要适时改变智库建设的指导理念、工作思路和方法。在小数据时代，智库人员在开展相关研究时一般也会用到一些适量的数据来进行论证，但这种数据一般都不是全面的数据，而是局部的片面数据，基于这种数据作出的成果有时候就难免存在以偏概全的缺点，得出的结论也会具有一定的片面性。运用大数据研究则不然，研究者手中掌握的不再是局部数据，而是海量的全面数据。这些数据是立体的、相互关联的和相互交融的，基于这类数据的研究所得出的结论更具有科学性、预判性，更能为党委和政府作出科学决策提供咨询服务。所以，把大数据的战略思维贯穿于中国特色新型智库建设的首要任务就是变革旧的观念思维，把大数据思维的价值观和方法论融入智库课题研究，并为其奠定坚实基础。

另一方面，要努力打造智库大数据信息化技术运用平台。智库人员从事决策咨询研究，必须有大数据分析的信息化技术做支撑。2015 年 12 月，国家出台了《国家高端智库管理办法（试行）》，其中对建设新型智库提出了信息化的明确要求："既要具有功能完备的信息采集分析系统，拥有专料室和网站，又要利用大数据、云计算等技术，加强专业数据库、案例库和信息系统平台建设，为决策咨询研究提供必要的信息和技术保障。"这一规定实际上是对打造大数据的载体平台提出了明确要求，就是要使各类大数据平台载体在中国特色新型智库建设中发挥更加积极的作用。推进新型智库信息化建设，离不开专业化的大数据技术的支撑。各类信息平台、数据库、大数据分析平台既是中国特色新型智库开展课题研究的重要工具，又是智库研究人员把定量分析和定性分析相结合并推出有针对性研究成果的重要基础。在大数据时代背景下，社会各行各业的分工更加讲求专业化和精细化，这使得建设中国特色新型智库不一定非要专门打造自己的数据信息库，那样既费时费力，又事倍功半，不如直接通过与政府信息主管部门建立连接机制以获取研究所需数据，或者将数据需求外包给专业数据信息服务公司和网络服务公司，而把自己的精力更多专注于信息化建设和数据信息处理能力的提高，以便高效、快捷地运用大数据进行课题研究。

二 运用大数据加强网络意识形态治理

意识形态安全既是中国国家综合安全的重要内容，又是国家治理的题中应有之义。自新信息技术革命，尤其是人类社会进入大数据时代以来，一种新的意识形态形式——网络意识形态，越来越成为影响国家意识形态整体安全的重要因素。“没有网络安全就没有国家安全，没有信息化就没有现代化。”① 正确应对网络意识形态的新挑战，必须充分运用大数据的理念、技术和方法，因为大数据能够对潜在的网络安全威胁及时预警，提前制定对策，从预防的角度提高网络安全防范意识，降低网络安全风险。

（一）大数据时代网络意识形态领域的主要特点

在大数据时代，随着世界经济全球化、政治多极化、文化多元化深化发展和中国经济社会转型深入推进、社会结构和利益格局深度调整的相互叠加，中国各种社会思潮也层出不穷，网络意识形态领域不可避免地受到各种思潮和思想的影响，整体上表现出了类型和形式多元多样的特点。

从类型来看，网络意识形态主要存在着三类内容，分别是国家主导的主流意识形态、社会形成的多元意识形态和国外异质性意识形态。国家主流意识形态主要指的是国家执政党指导思想、所倡导的价值观和国家主流媒体的新闻舆论导向。这类网络意识形态体现的是国

① 《习近平主持召开中央网络安全和信息化领导小组第一次会议强调 总体布局 统筹各方 创新发展 努力把我国建设成为网络强国》，《人民日报》2014 年 2 月 28 日。

家核心价值观，维护的是国家的长期和谐、稳定、繁荣。尤其是在信息网络高度发达的大数据时代，网络已成为世界各个阵营进行意识形态角力的主要战场，国家主流意识形态要想发挥定海神针的稳定作用，必须牢牢守住互联网意识形态阵地，把领导权紧紧攥在手里。社会多元意识形态主要指的是多元化的大众意识形态。这种意识形态主体呈现出多元化特点，存在于各领域、各阶层，体现的是多样化的社会生活和多样化的利益关系。从其内容倾向来看，既有符合国家倡导的主流意识形态内容，又有各种非主流的思想和文化内容，既有先进的积极向上的内容，又有落后的消极思想和文化。因而对于国家整体意识形态安全的影响也是正面和负面交织在一起。国外异质性意识形态主要指的是区别于我们国家价值观、文化观、民主观的其他意识形态。这其中的“三权分立”学说、“普世价值”观以及“中国威胁论”等内容对我们国家意识形态安全构成了一定的冲击和威胁。

从形式来看，网络意识形态有政治思想、法律道德、文学艺术、宗教文化等多种形式。随着网络信息技术进入大数据时代，除了文字以外，各种视频、音频、图像、图标等形式的文化内容都可以运用大数据技术实现数据化分析和处理。从当前来看，维护中国网络意识形态安全，需要重点关注三种形式的网络意识形态：一是网络思潮。网络思潮作为一种思想趋势或价值观念，反映的是网络信息传播环境下人们的利益或要求，对人们的社会生活具有广泛影响。网络思潮一般表现为系统化的思想理论，具有明显的理论化、结构化特点。改革开放以来，中国社会的大变革大变化引起了各种社会思潮在意识形态领域的激烈交锋，影响着人们的思想发展和社会发展的进程。特别是网络信息技术进入大数据时代，各种思潮交流、交锋、交融的平台更为广阔，互联网俨然成为一个多元的意识形态竞争平台。二是网络舆论。在网络信息技术高度发达的新环境下，以事件、问题、人物等为核心要素的网络舆论承载着网络意识形态的特殊内涵，看似普通的网络舆论争辩有时候就会突然上升为意识形态论争。三是网络文化。网络文化虽然在意识形态影响方面不如网络思潮那般迅猛和有冲击力，但是因为其自身所具有的通俗易懂、贴近生活、感染力强等显著特性，让人们更加容易受其影响并进行广泛传播，由此也就表现出了极强的意识形态渗透力和影响力，对意识形态的影响不容小觑。

（二）大数据时代网络意识形态治理的严峻挑战

尽管大数据能够为网络意识形态工作带来便利和对维护网络意识形态安全有所裨益，但是我们也要意识到，大数据环境的复杂性、内容的丰富性、传播的迅猛性，同时会使得维护中国网络意识形态安全面临一些严峻挑战。

第一，大数据技术处理能力的不足使得我们同西方国家在网络意识形态的角力中处于劣势。以美国为代表的所谓西方民主国家，利用它们抢先一步发展的先进技术，在网络上竭力倡导所谓的“网络自由”，其实质是利用技术等优势对中国意识形态领域推行网络霸权。由于历史的原因，中国目前还是发展中国家，各种技术包括大数据应用技术，与西方发达国家相比尚有较大差距，特别是在建设大规模数据库、培养高端人才、开发核心技术等方面还有明显欠缺，对于维护数据主权（数据主权“体现为国家对其政权管辖地域内的数据享有的生成、传播、管理、控制、利用和保护的权力”①）的认识和技术也都有所欠缺。这使得西方国家易借助其技术、人才等优势，不断通过网络渠道大肆传播其价值理念和政治理念，大肆宣扬其价值观念制度的所谓优越性，从而达到削弱主流意识形态的险恶目的。另外，由于经验欠缺和技术支撑能力不足，中国建设大规模数据库、培养大数据人才等还不得不借助外来支持。目前世界上大多数高端大数据人才都集中在西方国家，特别是美国，世界上的数据信息也大多储存在西方国家的数据库。在这种情况下，我们在借助外力发展自己的大数据技术和能力时就很容易被借机渗透，在使用外来人才和外国数据库时

① 大数据战略重点实验室：《块数据 3.0：秩序互联网与主权区块链》，中信出版社 2017 年版，第 237 页。

就不可避免会受到西方意识形态的影响，其中一些错误的价值取向甚至会对中国主流意识的传播带来较严重的冲击。

第二，被污染的大数据会侵蚀维护中国网络意识形态安全的基础。大数据不仅“大”，而且“杂”，既有正能量的数据信息，也有负能量的数据信息，既有真实的数据信息，也有虚假的数据信息。海量的、呈几何级数增长的大数据信息，面对复杂的数据环境，必然会遇到数据污染的问题。比如，数据库收集到的数据中含有大量虚假、错误信息，或是数据库遭到入侵和数据被篡改，都属于数据污染问题。作为国家的重要战略资源，大数据如果受污染严重会直接威胁国家的网络信息安全和意识形态安全。因为大数据会深刻反映出中国的社情民意、网络心态、舆情热点、社会思潮，而这些都是我们党治国理政的重要决策参考和维护网络意识形态安全的重要参考，因此，有效应对大数据污染的问题与维护中国网络意识形态安全是息息相关的。特别是西方国家始终没有放弃对中国进行和平演变的图谋，不断利用各种手段对中国进行思想文化和意识形态渗透，不断通过散播谣言、发布虚假信息等各种形式污染中国数据信息，想借此诋毁中国共产党的形象，激化中国社会矛盾。除此之外，他们还运用电影、游戏、音乐、艺术等文化产品的输出，潜移默化地侵蚀中国主流意识形态。对此，我们必须始终保持高度警惕，避免中国主流意识形态的文化土壤和舆论基础受到污染和冲击。

第三，大数据运用过程中的失误特别是数据泄露会影响中国网络意识形态安全。在当今社会，伴随着新信息技术革命的深入发展，人类社会的网络社交活动越来越便利，广泛互联、共建共享的智能终端已经把整个世界在一定程度上变成了一个大数据社会。在这种情况下，如何保护好数据，防止由于数据泄露而带来的不必要损失就是一个十分现实的问题，特别是对于维护网络意识形态安全来说，更是一个严峻的挑战。有人曾经形象地比喻说，进入大数据时代以后，数据和信息已经成为这个世界举足轻重的战略性资源，这就如同工业文明时代的石油一样重要，对世界各国之间的竞争将会产生重要的战略影响。大数据作为极其重要的战略资源，事关一个国家的战略安全。如果一个国家的大数据，特别是其中的关键数据遭到窃取，那么就一定会给这个国家的战略安全形成来严重威胁，甚至是会给经济、政治、文化、社会以及意识形态等各个领域带来重大损失。2013 年，“棱镜门”事件的发生就给了我们深刻警醒。我们非常震撼地看到了美国可以凭借其先进的数据技术，轻易进入世界各国网络截取数据和处理数据。有了这个便利，它也就可以自然轻而易举地侵入别国的网络进行意识形态领域的窃密或者是渗透。从实践中看，由于美国的网络社交软件高度发达（比如脸书、推特等），使用者遍布全球很多个国家，利用大数据的技术手段，美国方面可以迅捷获取这些软件使用者的数据并进行分析处理。这样它就可以通过各种手段和途径进行数据收集和情报挖掘，进而将之运用于对中国的意识形态渗透领域。由此可见，我们必须高度重视这个问题，要在大数据方面实现技术上的新突破，坚决杜绝由于信息泄露而引发的国家意识形态安全问题。

（三）用大数据加强网络意识形态治理的对策建议

总体来看，中国在网络意识形态的安全治理方面还有一些明显不足。究其原因，不完善的制度、不灵活的机制、不规范的治理无疑是重要因素。尤其是在大数据时代，中国网络意识形态工作中对大数据的理念、大数据的技术以及大数据的方法的运用还比较欠缺，仍有许多工作要做，具体的对策建议也跟智库建设等其他领域有着很多相似之处，由于前文对之已有比较深入的分析，笔者在这里只想着重强调两点，那就是要特别重视通过提升大数据技术水平来提升网络意识形态安全治理水平，以及建立健全数据信息资源的共享与融合制度。

用好大数据，必须以掌握大数据技术和提升大数据处理能力为基本前提。习近平强调指出：“要全面提升技术治网能力和水平，规范数据资源利用，防范大数据等新技术带来的风险。”① 从当前来看，

① 《习近平谈治国理政》第 3 卷，外文出版社 2020 年版，第 319 页。

中国将大数据运用于维护网络意识形态安全的最主要障碍还是技术能力的不足，比如上文提到的大数据污染、大数据泄露等问题，都或多或少是因为中国的数据信息技术还相对落后，或者是因为我们在制度方面还不健全。我们要牢牢掌控住网络意识形态的主导权，必须以大数据相关技术作为重要支撑，通过不断出台政策措施推动中国大数据技术取得长远进步，特别是要提升关键信息技术的创新能力，把主动权牢牢掌握在自己手中，不断加强对大数据的处理分析能力，这样才能为有效维护中国意识形态安全提供有力技术支持。除此之外，适应大数据时代信息爆炸的现状，还要通过加强数据立法工作来加强对网络空间的监管，既要注意保护信息数据安全，又要防止低级趣味或者过激观点的传播扩散。近年来，《网络文化经营单位内容自审管理办法》等一系列法律法规的出台，就既为网民提供了绿色的上网环境，又有效保障了网络数据信息安全。

将大数据应用于网络意识形态安全工作，必须建立在各级、各部门数据资源协同共享的基础之上，这样才有可能整合形成一个可供网络意识形态安全工作人员便捷使用的大数据信息库。从当前来看，由于旧的体制原因以及一些利益性的因素，数据信息还没有真正在相关领域流通起来。这就导致了“数据孤岛”的存在，也使得各地区各类意识形态工作部门对同一类数据信息的数据库建设出现不必要的重复现象，甚至会造成数据相互“打架”的混乱局面。与此同时，数据信息不能形成有效的整合，形不成真正意义上的“大数据”，从而也限制了数据资源的开发和使用。只有通过建立健全相关制度，解决了“数据孤岛”和“数据烟囱”问题，切实实现了数据的相互开放和互联共享，才能有效维护网络意识形态安全。因此，为了给意识形态这项重要工作提供足够的数据信息支撑，必须通过制定相关制度措施打通“数据孤岛”，将不同地区不同意识形态工作部门的数据资源信息进行有效整合和清理，使得数据信息真正流通起来，形成大数据的大开放格局。

三 运用大数据不断提升全面从严治党水平

解决中国的问题，关键在党，关键在党要管党、从严治党。推进国家治理体系和治理能力现代化，必须坚持在党的领导下进行，“把党的领导落实到国家治理各领域各方面各环节”① “使党始终成为风雨来袭时全体人民最可靠的主心骨，确保我国社会主义现代化建设正确方向，确保拥有团结奋斗的强大政治凝聚力、发展自信心，集聚起万众一心、共克时艰的磅礴力量”②。而国家治理体系和治理能力现代化，本身也包含着全面从严治党这项重要内容。因为中国共产党是执政党，党中央和地方各级党委不仅是国家治理工作的各级领导者，还是国家治理实践的决策者；广大党员干部不仅是国家治理的参与力量，而且是国家治理的中坚力量。由此可见，运用大数据的理念和技术方法促进国家治理现代化，必须致力于用其促进全面从严治党。

（一）大数据能有效提升全面从严治党水平

全面从严治党的关键在于“治党”。所谓“治党”，指的是在加强和改善党的领导过程中，必须不断增强管党治党意识、落实管党治党责任，不断提升党的自身治理现代化水平。要想使我们党达到善治水平，必须把每个领域、每个步骤、每个环节的治党管党工作抓长、抓细、抓常，特别是要紧紧把握住多元主体共治的治理思想要旨，充分尊重各级党员干部的主体地位，不断提升党员干部的民主权利，使广大党员干部尤其是基层党员干部积极参与到全面从严治党的实践中来，推动形成多元参与、齐抓共管的治党管党格局。在这

① 《中共中央关于坚持和完善中国特色社会主义制度 推进国家治理体系和治理能力现代化若干重大问题的决定》，人民出版社 2019 年版，第 6 页。

② 习近平：《高举中国特色社会主义伟大旗帜 为全面建设社会主义现代化国家而团结奋斗——在中国共产党第二十次全国代表大会上的报告》，人民出版社 2022 年版，第 26—27 页。

个过程当中，大数据显然是大有用武之地的，比如，大数据可以提高全面从严治党的透明度，有效避免官僚主义和特殊利益集团的干扰，可以有效降低党建工作的偏差概率，提升党建工作精细化、科学化及前瞻性。

具体来讲，将大数据运用于全面从严治党，至少可以从三个方面来提升其工作水平：第一，可以有效提高对全面从严治党的实时化分析与动态化引导能力。合理运用大数据技术，能够在第一时间把握全面从严治党事态的实时变化，及时对有关舆情、热点事件的变化发展情况进行追踪分析，及时采取相应措施进行处置。第二，可以有效提高对全面从严治党的针对性分析和个性化服务能力。大数据如何通过促进全面从严治党，使其更好地服务群众，关键还是要形成理论上的突破和方法上的创新。大数据技术的运用，可以实现对全面从严治党有关情况的全样本分析，能够更好地把握党组织及党员干部工作的总体情况，增强开展有关工作的预测性、精准性，从而提供更加具有针对性的分析，更加有个性化的服务。第三，可以有效提高全面从严治党的大样本分析与关联性分析能力。将大数据运用于全面从严治党，能够从传统上基于小数据样本的因果性分析，上升为基于大数据全样本的关联性分析，这当然更加有利于及时发现党内事态发展变化的客观规律，进而采取更加务实、有效的应对措施。

（二）大数据促进全面从严治党的主要问题

将大数据运用于全面从严治党，既可以带来理念思维上的变革，又可以推进体制机制的完善，还可以实现方式方法上的创新，显然是可以有效提升全面从严治党水平，进而推进党的治理体系和治理能力现代化。从当前来看，把大数据运用于全面从严治党的实践已经广泛展开，全国各地运用大数据提升智慧党建水平、提升反腐败斗争工作水平的探索有很多，在实践当中也确实取得了良好效果。然而，相关理论分析与研究却比较滞后，甚至可以说处于起步阶段，还很少有深度的理论分析。究其原因，主要还是很多专家学者以及各级党组织特别是很多领导干部，更多地注重了大数据的工具性，而忽视了大数据的理论性。对于全面从严治党来说，认识到运用大数据的技术方法提高党的建设的智慧化水平，发挥其反腐败斗争的作用，还只是初步的，更为重要的是将大数据的理念和思维置于全面从严治党中，要将思想认识上升到大数据背景下中国共产党作为执政党完善自身建设这一高度上来，通过理念、思维和技术方法的全面运用，对全面从严治党进行理论的创新和体制机制的变革，从而有效提升全面从严治党水平。

综合来看，当前仍有一些因素制约着将大数据运用于全面从严治党的深度和扩展的广度。其一，全面从严治党实践中大数据应用的普及率有待提高。很多地方特别是相对落后地区的党员干部，对于大数据的概念还一知半解，更谈不上运用大数据的理念和思维提升全面从严治党水平了。从技术角度来看，很多地方的应用大多还是以初级技术为主，甚至有些地方使用的仍然是传统的分析流程和工具，只是扩大了数据的来源，增加了数据的规模，并不是真正意义上的大数据应用。其二，党建大数据资源库积累不够丰富。目前存在于各类党建系统中的多是一些结构化的管理数据、组织数据，而且这些数据的有效性和准确性还需要不断改进。只有数据的准确性和数量积累到一定程度，大数据才能发挥其真正效益。其三，将大数据运用于全面从严治党的制度还不完善。用大数据管党和治党，从数据的采集、分析到分析结果的应用，再到数据安全的维护、党员隐私的保护等，各个环节都需要相关制度予以保障。从目前来看，相关制度还没有完善起来，有些落后地区甚至没有建立起相关制度。其四，人才建设和全面从严治党的大数据应用需求还不能有机契合。将大数据运用于全面从严治党，对于人才的需求较高，既要懂得党的建设有关知识，又要具备大数据的理论及技术方法等相关专业知识，目前这类复合型人才还比较少，远远不能满足工作需求。

（三）大数据促进全面从严治党的对策建议

随着人们对大数据的重视和运用，国内一些省市已经开始把大数据的理念和方法运用到全面从严治党领域，并且涌现出了一些在全国具有一定影响力的典型案例。比如，Z省某市运用大数据思维，通过常态化采集、精细化分析、合理化运用等方式，探索建立了基于大数据的干部识别选拔新模式，有力地推动了干部选拔机制由“感性化”向“数字化”转变；又如，S市某区通过构建数据库共享机制，优化生成区域化党建电子地图，特别是通过搭建“智慧党建”平台，有力地推动了基层党建工作与服务群众的有机融合等。深入研究和分析这些典型案例，有利于我们探寻大数据与全面从严治党有机结合的客观规律，从而提出更加科学有效的措施建议。

大数据时代的全面从严治党机制，应当是以大数据驱动为核心，以云计算、物联网、移动互联网等新信息技术为支撑，以治党、管党的效益最大化为目标的一种创新型工作模式。为了推进建立和完善这种机制模式，有必要采取以下措施。

第一，转变思维理念，树立大数据治党意识。对旧工作理念进行变革，把大数据思维理念融入全面从严治党工作过程，改变其理念维度、战略思路和工作方式。

第二，促进多元参与，推动形成大数据协同治理机制。大数据广泛分布于党政、企业、社会组织与党员个体之间，在一定程度上决定了提升全面从严治党水平，必须推动形成多元主体共同参与的协同治理机制。

第三，打通数据孤岛，建设党建大数据资源互联共享机制。中国各部门、各层级党组织之间由于条块分割而形成的大量数据孤岛，既使运用大数据从事全面从严治党工作缺乏统一标准和规范，又制约了大数据资源的开发利用和互联共享，必须采取措施解决这一难题。

第四，通过大数据促进党内民主和党内监督。通过采取网络形式深化党务信息公开，保障党员知情权和监督权，拓宽党员表达意见的渠道，落实党员参与权。结合廉政风险防控体系建设，建立和完善电子监察系统，使权力运行在电子信息系统处处留痕，把权力关进“数字铁笼”。

第五，完善保障机制，营造良好环境。运用大数据提升全面从严治党水平，需要不断推进软硬件建设予以保障，比如，加强大数据平台和载体建设、培育复合型人才、制定和完善相关法律法规。

第七章　运用大数据促进国家治理现代化的典型案例述评

在本书撰写过程中，笔者综合运用文献查询、网络检索、比较分析等多种研究方法对中国运用大数据促进国家治理体系和治理能力现代化实践进行了全面考察，并且选取了若干比较有代表性地区的重点领域进行了多次实地调研，对其中典型案例进行了深入分析和系统总结。

一　S省Z市运用大数据促进乡村治理现代化

中国是一个农业农村大国，乡村治理对于推进国家治理体系和治理能力现代化建设的重要性不言而喻。习近平在就加强和创新社会治理作出重要指示时，强调“要更加注重联动融合、开放共治，更加注重民主法治、科技创新，提高社会治理社会化、法治化、智能化、专业化水平”[①]。2019年5月，中央出台的《数字乡村发展战略纲要》强调要着力发挥信息化在推进乡村治理体系和治理能力现代化中的基础支撑作用，构建乡村数字治理新体系。因此，智能化已经成为时代发展的必然趋势，运用大数据的理念和技术推进乡村治理现代化已经是当务之急。

---

① 中共中央文献研究室：《习近平关于社会主义社会建设论述摘编》，中央文献出版社2017年版，第135页。

作者在调研Z市的乡镇、街道时发现，有78.8%的民众运用政府网站、微信、微博、QQ、党群工作平台、大数据平台等新信息技术平台的频率为“经常”；民众日常获取基层治理信息的渠道排前三位的分别是：手机（89.6%）、电视（63.9%）、电脑（48.7%）。由此可见，以大数据为代表的数字技术已经成为影响基层社会治理体系的重要元素。

（一）建设基层治理“全科大网格”

Z市按照每1000人1个网格或1个村居一个网格的标准，把全域划分为1063个网格，把综治、党建、环保、民政、为民服务等网格进行了统一整合，每个网格配备1名专职全科网格员和1名兼职网格员，发挥基层堡垒作用，推动基层党组织建设与网格化社会治理相融合，有效提升了社会治理水平。据统计，Z市累计摸排治理影响安全稳定的矛盾问题5万余个，全科大网格成为保障Z市社会稳定的一个重要因素。

第一，加强网格员队伍建设。

出台《Z市社会治理全科大网格实施细则》，明确由社区（责任区）干部职工担任专职全科网格员，由村干部、“一村一警”、物业人员等担任兼职网格员，共配备专职全科网格员734名、兼职网格员1039名，形成了全科专职网格员为“医生”、兼职网格员为“护士”的网格员队伍架构。同时，在社区、责任区设立网格化服务管理工作站，由社区、责任区书记担任网格长，负责做好网格员队伍日常管理和矛盾纠纷调处等工作。着力宣传“全科大网格”的知识，密切网格员同群众的血肉联系，每个村居、小区的宣传一条街、醒目位置，至少有两处固定宣传标语，一处宣传栏（网格责任公示牌）。印发“全科大网格”便民联系卡，将网格区域、网格员职责、网格员照片和联系方式等全面公开。组织各镇街设立“全科大网格”微信公众号，发布网格员信息、网格工作动态、便民服务信息等，提高群众知晓率。

J镇充分发挥“全科大网格”作用，48个村均配有全科网格员，镇党委和政府加强对全科网格员的指导与考核，通过人员、场所、设施、机制、经费等多方面的保障，全科网格员基本做到：基础信息全掌握、社情民意全掌握、矛盾纠纷全调处，不断提升基层治理水平。M镇积极引导网格员当好党委政府信息员、矛盾纠纷调解员、政策法规宣传员、民生事项代办员、安全环保巡查员、环境卫生督导员、干群关系联络员、重点人群心理辅导员，网格员在化解矛盾纠纷、维护社会稳定、助推基层治理等方面的作用日益显著。

第二，严格网格化管理流程。

全科大网格构建了一套科学的事件处理流程。按照事件处理的责任层级，建立村级微循环、镇级小循环、市级大循环三级事件处理流程。基层网格员积极开展走访摸排，将发现的矛盾纠纷、社会治安和公共安全隐患等问题，第一时间通过手机APP上报信息平台，属于村居（社区）办理的，由村级小循环办理。需要镇街站所处理的问题，由镇街综治中心根据问题性质，按照职责分工，安排职能站所进行办理，由镇街小循环程序解决问题；同时，镇街综治中心根据各站所需要网格员办理的事项，进行统筹研究，及时安排给全科网格员进行办理，对不按照要求办理的，由镇街党委政府进行问责，建立起了由上到下安排工作、部署任务的机制。超出镇街职责权限的事项，按照“镇呼市应”的原则，市综治中心分流给市职能部门进行办理。对于不能明确市级责任单位的，由市编办进行研究明确。

M镇全科大网格采用“1+8+N”模式，即坚持党建引领，梳理整合政法、生态环境、卫生健康、应急管理、市场监管、城市管理、信访维稳、社会救助八个系统和其他N个单位的相关工作，实现多网融合，形成“上面千条线、下面一张网”的社会治理机制。同时，强化科技支撑，把构建“全科大网格”与“智慧城市”“雪亮工程”、政务服务App、在线服务平台建设等结合起来，推进实现“全科大网格”工作全程信息化。

第三，强化网格管理的考核保障。

Z 市将网格化建设工作纳入全市综治工作绩效考核，Z 市网格化服务管理中心以巡查到位率、问题发现率、事件处置率为核心指标，制定专兼职网格员工作考评细则，对各镇街网格化工作进行考核。各镇街综治中心建立百分制考评细则，加强对网格长、全科网格员、兼职网格员的工作考核。市、镇财政负责保障网格化信息系统费用、兼职网格员工作报酬，健全教育培训、考核奖惩等管理制度，保障了基层社会治理“全科网格”的高效运行。

M 镇建立“四项制度”对网格工作进行考核管理。一是建立工作月查制，对网格档案和民情日志、走访记录等实行一月一检查，帮助网格员发现问题并及时整改。二是建立动态考核制，以年终考核为主导，以季度排名为基础，更加注重网格员工作成绩、能力和态度，确保网格考核科学公正。三是建立末位淘汰制，对于连续季度排名最后一档网格员给予“黄牌警告”，直至“红牌罚下”，网格员队伍不断优化。四是建立网格事项审批制，各职能部门需要网格员协助完成的重点事项，由网格化服务管理中心统一安排，并及时反馈工作完成情况，为日常考核提供切实依据，网格事项管理更加规范有序。同时，对“全科大网格”工作实行一日一统计、一周一通报、一月一例会、一季一总结、一年一考核的“五个一”管理模式，坚持常态化管理与阶段性总结相结合，及时帮助网格员查摆工作中存在的问题和短板，不断总结提炼工作经验和工作方式。通过制度约束、评优树先和严格奖惩，实现网格员队伍管理常态化、制度化，“全科大网格”的作用发挥更加显著。

（二）推进乡村数字化管理

随着信息技术的发展和互联网、智能终端的普及，新时代基层治理也迎来了数字化发展的新阶段。Z 市充分运用数字化手段提升基层社会治理效能，提高基层治理精细化、精准化水平，切实增强群众的获得感、幸福感和安全感，让科技更好地为社会安定有序、人民安宁幸福服务。在调研中发现，Z 市村民在选择“从网上获得过哪些公共服务”（多选）时，所列选项均获得较高的比重，如有69.7%的人选择了“网络教育服务”，有50.5%的人选择了“网上预约就诊”，有44%的人选择了“网上就业培训”，有73.5%的人选择了“网上社保办理”，有81.4%的人选择了“网上便民缴费”，有40.7%的人选择了“网上农业生产指导”等，说明近年来Z市充分利用数字化技术开展便民服务和管理，取得了一定的成效。

第一，搭建网格信息管理平台。

研发启用Z市“全科大网格”信息系统。市级平台可实现事件的大数据智能分析、镇街网格工作考核展示等功能，镇街平台具备网格化GIS地图、网格员工作轨迹、手机APP事件上报、市镇街事件分流督办等功能，真正实现了网格员全面摸排问题、职能部门高效解决问题、党委政府强力督导落实的全程信息化。组织开展实有人口、实有房屋、实有组织录入活动，及时掌握全市人员状况，每天通报各镇街网格员的上线率和在线率。目前，专兼职网格员综合打卡率达到90%以上，在线率保持在70%以上。

探索建立“互联网+网格管理”服务管理模式，提升基层治理智能化、精细化水平。M镇依托现有党组织设置，科学划分网格单元，按照“一格一组织”的目标实现基层党组织与网格管理的深度融合，真正以“小网格”编织“大服务”，不断推动基层治理现代化。以基层党建引领社会治理为主线，按辖区村庄数合理划分网格单元，建立网格党支部44个，75名网格员参与网格管理服务工作，将组织、人员、地点、事件“四要素”全部纳入网格，实现工作上下联动，大小事“一网打尽”。党员网格员成为民意的“发声筒”、政策的“宣讲员”，走访群众5300余户，架起了群众和党委政府间的“连心桥”。智慧管理，打造“12345”运行机制——建立以一个镇级综治中心为基础，建强“指挥调度，信息流转”两类平台，抓好“人、事、章”三大支撑，走好“发现、传递、协同、反馈”的四步环节，聚焦“便民服务，隐患化解、民意收集、突发预警、服务党委”五项工作重点的“12345”网格化运行机制，大大降低了基层治理的时间成本。M 镇的网格员们不但能熟练掌握手机 App 操作流程，上报网格事件、核实信息，还能通过“H 镇全科大网格微信公众号”及时了解政策信息、工作动态。为有效提高农村网格员服务能力，该镇建立网格培训长效机制，采取了集中培训与分组培训、线上线下相结合的培训模式，内容涵盖民政人社、市场监管、扫黑、禁毒、疫情防控等方面。

网格化管理带动农村产业发展。M 镇充分发挥全科大网格信息收集及时精准和网格员工作细致到位的优势，将促进农业现代化、工业转型升级与促进村民创业就业、增产增收以及产业扶贫、精准扶贫等工作相结合。一方面，积极发展生态高效农业，投资 160 万元建设集种粮大户管理、土地流转信息、水肥管理、种植管理建议、病虫害提示等功能于一体的智慧农业人才，搭建新型职业农民之家，培育种粮能手、种植专家数字农业服务平台，全面进行基础数据采集，同时积极引进智力资源；与某农业大学联合建立新品种、新技术、新机械、新肥料、新农药“五新”展示平台四个，带动现代种植业高速发展。同时，积极推动支部领办合作社，发展果蔬标准化种植基地，推广水肥一体化节水灌溉技术，积极开展“农耕贷”切实解决种粮大户融资难、融资贵问题。另一方面，加速传统产业转型升级，着力抓好辖区两家焦化企业转型升级，实现清洁化生产和价值提升；结合华星集团“新型温度可控式摇摆窑”“陶力铸造砂应用技术”等技术突破，全力支持特种陶瓷、氧化钙企业进行技术创新，发展培育新动能；同时，开工建设商贸综合体，带动餐饮、休闲等服务业发展。工商齐动，快速带动和实现离地农民再创业、再就业。

第二，搭建数字化农业平台。

数字化是农业的未来。为顺应 Z 市农业农村大数据建设与应用的实际需求，Z 市农业农村局着力搭建数字化农业平台，将智慧农业大数据平台的建设与 Z 市“三农”发展的实际需要相结合，引进了“慧种田”农业服务平台和“e 田科技”农业机械服务平台，创建了 Z 市智慧农业服务平台，实现了田块级“一对一、点对点”的管理与精准服务，逐步建立数据指标、采集标准、数据管理等一系列体系，实现全市的农机装备、农资供应、农业技术、保险金融等信息资源的融合，可以为农民群众提供全方位的社会化服务，降低作业成本，提高农田效益。建立了食用农产品合格证追溯管理平台，通过建立统一的农业生产经营主体电子库，以食用农产品合格证为纽带，建立种植主体产品检测、生产记录、消费者评价相关联的信用档案，打造食用农产品产地准出和市场准入有效衔接新模式，全面提升农产品质量以及农产品管理水平。

C 镇某责任区万亩农田开展“慧种田”数字农业服务平台试点工作取得了显著成效，这是利用数字农业服务平台进行“数字化托管”农业生产、助力疫情期间春耕春种和田间管理的“新型种田方式”。“慧种田”平台是一款为农业生产经营提供信息化解决方案的手机/PC 客户端，该平台包括田块气象服务、土壤数据服务、作物长势监控、产量分析、种植计划制订、水肥管理等十多项由数据和模型驱动的农业服务模块。通过该服务平台，种粮大户使用手机 APP 就能看到自己农田的墒情、作物长势、气象服务、土壤有机质成分以及病虫害防治情况。通过使用这一平台，C 镇 20 多位种粮大户在家就能监控自己的农田何时需要灌溉、何时配方施肥，节省了时间和农资成本，实现增收 20% 以上，同时提高了春耕效率，还可以帮助农户解决在春耕生产中所遇到的各种问题。

在高校等专家的帮助下，M 镇“兴农智慧站”项目建立起智慧党建、农产品直播间、农民培训平台、云上菜园等功能板块，并对直播农户进行培训。通过强化党建引领，开展技术指导，让“兴农智慧站”项目持续进行和不断拓展，让数字技术进入农民的生产生活，让智慧党建、智慧农业等应用技术落地生根、开花结果。该项目将助力 M 镇成为数字乡村、智慧生活的品质标杆和基层治理现代样板。

第三，搭建农村改厕智能管护平台。

农村改厕，作为美丽乡村建设的一项重要内容，是改善农村环境，提高农村居民健康生活水平的重要措施。随着农村改厕户的增多，如何对数目庞大的厕所进行系统管理和长效维护，成为一个亟待破解的难题。

为确保农村改厕长效运行，2020 年 11 月，Z 市住建局委托专业机构借助数字化、信息化手段，开发建成农村改厕智能管护平台。该平台设有户厕、管护服务站、粪污中转站、满意度测评及抽查检查等八个模块，市、镇两级平台联网运行、同步监管，实现全市农村改厕群众的报抽、报修等管护服务功能信息化、智能化。为方便无智能手机农户，平台还设立了镇村管理员，农户可以当面或电话联系本村管理员，再由村管理员通过管理端系统帮助农户实现相关需求。该系统手机端功能主要针对厕所的报修和报抽，而且可以实现一键报修功能，直接将需求推送给维修员，还可以实时反馈处理结果，上传记录。PC 端功能主要用于监察管理和信息维护，包括对吸污车、中转站进行监控，对厕所各类信息进行管理，包含吸污工作量统计、维修工作量统计、吸污记录查询、维修记录查询、改厕大数据展示等，以及对各类人员、车辆信息的统计、管理和维护。监管部门可以通过调取平台服务信息，查看各地服务满意度情况，对村民反映的问题及时进行处理。同时，通过大数据分析，还可以查找工作中的短板和不足，不断提升服务水平。

（三）构建乡村安全防控智能体系

近年来，Z 市积极推进平安乡村建设，通过全天候、全方位的治安防控网络，全面压降各类案件的发生，适时、适势、因地制宜地组织开展农村社会治安整治行动，大幅提升治安管理能力，为群众营造平安和谐的生活环境。

第一，建设全覆盖监控网络。

Z 市通过实施“高清天网”工程，在重要路口、主要街道、居民聚集区建设视频监控系统，整合各类视频监控资源，在派出所建立监控平台。始终将影响群众安全感和满意度的霸痞犯罪、严重暴力犯罪、多发性侵财犯罪及坑农害农等违法犯罪作为打击重点，按照露头就打、除恶务尽的原则，加大对农村黑恶势力打击力度，严厉打击“肉霸”“菜霸”“猪霸”等暴力垄断、欺行霸市违法犯罪行为，提升农村居民的安全感。

H 街道以铁塔为高点，以雪亮工程为低点建立起了“高低点结合、立体防护”的智能化监控系统，其中依靠“雪亮工程”，在街道重要单位、交通要道、案件高发地段、治安复杂地段、商贸繁华地段、校园周边、村居及高铁沿线等重点公共区域，完成了“高清天网一期、二期”、双百示范工程和村居视频监控全覆盖工程。目前辖区共安装数字高清监控 835 个，实现了 50 人一个探头的覆盖率。同时，与中国铁塔股份有限公司 Z 市分公司联合，在街道驻地、农田、铁路、工业园区等重点安防区域的高点位基站铁塔上安装了高清摄像头 17 处，其中 3 处安装了智能预警、报警的热成像智能摄像头；在重点河道、水库周边安装了 7 处智能预警、报警智能摄像头。通过高低点结合，形成了“一个图像中心、一个报警管理中心、一张视频网、一个共享平台”的格局，建立一个标准统一、运行规范的公共安全视频监控图像体系，切实满足政府职能部门视频应用需求，基本实现“全域覆盖、全网共享、全时可用、全程可控”的总体目标，不仅大大节约了人力资源，而且提升了执法效率。通过安装在铁塔制高点的高清监控摄像机，可实现 3 公里半径全天候热成像火情识别，还可以对河岸线偷水灌溉、倾倒垃圾、排泄污水、绿化苗木偷盗、国土违建等违法行为进行实时监控，实现执法人员对违法行为的监控管理。

第二，深化“智慧社区”网格建设。

近年来，Z 市创新基层治理模式，建成“智慧社区”网格管理平台，推动网格管理多网融合、数据共享，形成“全时空布局、全要素汇集、全方位保障、全过程覆盖”的全要素“智慧社区”网格管理体系。

D 街道通过“智慧社区”网格管理平台，设立智慧党建、社会治理、城市文明、卫生健康四大模块，实现“智慧社区”网格管理系统与党建、综治、宣传、卫生等有关部门信息系统以及“雪亮工程”视频云平台的互联互通。通过数据互通形成大数据融合，实现对人、地、物、事、组织等基本要素的动态管理。利用“智慧社区”网格管理平台可随机调阅辖区居民的个人信息、家庭状况、房屋信息以及人员的流动等情况，实现人、房定位，以人查房、以房找人，人房关联，便于有针对性地开展管理和服务，有效提高了发现问题、处置难题的效率。

2020 年，H 村开启智慧社区建设，安装高清摄像头 40 余个，安装电子门禁、人脸识别系统，完成小区电子门禁设备更换，实现小区电子监控全覆盖，引进智能垃圾分类设备，改善小区人居环境，开启智慧生活新风尚。

第三，充分发挥智能化监管、防控手段。

Z 市充分利用“物联网、大数据、云计算”信息化技术，通过建立健全生态环境保护管理体系、激励约束并重的制度体系、政府企业公众治理体系，全力打造环境自动监测监控系统和由智慧执法平台组成的“智慧环保”系统，以更加精细和动态的方式开展环境管理和智慧决策，推动区域环境智能化监管。Z 市一共建有 16 个地表水水质自动监测站和 23 个环境空气自动检测站，可以实时监控地表水水质和环境空气质量。另外 Z 市还建有 238 个重点污染源自动检测站，其中包括 205 个废气站点和 33 个废水站点，所有自动监控数据可以实时上传至省市县三级环保部门的监测平台，24 小时不间断地监控重点企业的污染物排放情况。一旦出现数据超标，环保部门会及时赶到现场进行处理。再通过智慧执法平台全流程数据上传，后台汇总整理分析，把企业的问题和有问题的企业进行信息筛选上浮，实时传送到执法人员的移动执法平台，实现精准执法。

加强网格化管理平台的报警处理。当某个远端设备发生报警时，客户端的主画面可显示该远端设备报警点联动的视频图像，并有声音提示。系统会根据设定的报警规则，自动进行联动录像和联动抓图等。同时通过手机 APP 通知到相应管理人员，提醒其进行处理。街道网格化服务管理中心在接到报警预警后，第一时间通知辖区网格员，并将报警点位的定位通过手机发送给网格员，网格员第一时间赶到现场进行处置，通过人防和机防大大减少了网格员的工作量，并提高了巡查的精准度。

另外，Z 市公安局将覆盖全域的“天网”街面实时监控探头纳入网格化布警，形成巡防区位和监控点位互为补充、巡防和技防点线交织互补、动静结合的街面治安防控网络，实现对全县主要街道、重点部位、复杂路段和易发案区域的 24 小时全天候街面监控。在社区、院落、商铺等处广泛安装监控探头或红外线报警装置等各类技防设施，在乡村安装“气死贼”等报警装置，提高“技防”见警率，充分发挥预防和打击违法犯罪的作用。针对街面防控力量，公安局指挥中心通过 GPS 定位系统、350 兆对讲系统，实时调度掌控全县每天巡逻警力、巡逻警车分布情况和工作状态。结合“高清天网”和构筑“点线面”，打造“真空区”工程，以在线率、利用率等为重点，通过加大考核解决视频监控建而不用、在线率低等问题，提高使用率。根据实时发案情况，在第一时间指挥巡逻警力向重点区域倾斜，加大巡逻密度，力争抓获现行，切实消除了巡逻防控盲区。

Z 市在运用大数据等数字技术的理念和方法促进国家治理体系和治理能力现代化的生动实践中积累了极其丰富的经验，深刻总结这些宝贵经验，对于新时代继续推进 Z 市以及所在省乃至全国其他乡村地区国家治理现代化建设，不断改善和提高国家治理水平，具有重要的启示意义。近年来，Z 市高度重视和运用大数据促进基层治理，不断以网络等先进手段增强国家治理技术支撑，比如研发启用 Z 市“全科大网格”信息系统，探索建立“互联网 + 网格管理”服务管理模式，构建乡村安全防控智能体系，等等，这一系列思路和举措都为国家治理现代化体系建设插上了科技的翅膀，大大提升了该市国家治理的智能化、精细化水平。

二 Z省H市打造“城市大脑”加强智慧治理

Z省是全国信息经济示范区，先后承担了国家电子政务综合试点、公共信息资源开放试点、政务信息系统整合共享试点等多个数字领域国家级试点任务。近年来，该省以“互联网+政务服务”为抓手，在全省范围内大力推进数字化智慧城市建设，持续推进政务服务和社会治理领域的数字化转型。2018年，该省政府出台相关实施方案，提出要聚焦“掌上办事之省”和“掌上办公之省”建设目标，以一体化数据平台为关键支撑，打造整体协同、高效运行的数字政府，推进国家治理体系和治理能力现代化。2019年，该省印发全国首个省级“城市大脑”建设应用行动方案。2020年该省又作出了“加快城市大脑建设与推广”“大力建设新型智慧城市，推行‘城市大脑’中心城市全覆盖”的决策部署。

在这一系列指导文件的指引下，Z省各地围绕打造智慧城市、建设城市大脑，积极开展了一系列“一市一脑”建设的实践探索，并从省级层面明确了该省各市“城市大脑”建设的具体任务及责任单位。截至2020年底，该省的Q市、H市已经开始了城市大脑的换代升级，W市、T市的城市大脑已经正式上线运行，N市、L市、J市、S市、Z市等地正加快推进城市大脑建设进度。这些卓有成效的实践探索，解决的都是各地城市治理中遇到的热点、难点和痛点问题，涌现出了很多可复制、可推广的典型案例，比如H市停车出场“无感付”、市民看病“医后付”、公安窗口“刷脸办”，W市的“医疗影像服务云”“惠企政策直通车”“为侨服务全球通”，等等。

这其中尤以H市的实践探索最具有典型性。2016年，H市率先启动了“城市大脑”数字建设工程，经过几年的发展，已经取得了显著成效，形成了“一整两通三同直达”[①] 的智能化城市治理体系，实现了从交通领域的“数字治堵”，到拓展到其他领域的“数字治城”甚至是“数字治疫”的全面跨越。在“城市大脑”的数字技术支持下，H 市已经构建起了从智能化向智慧化过渡的电子政务云平台，智慧城市建设初步形成了纵横全覆盖、事项全口径、内容全方位、服务全渠道的整体格局。在大数据政务平台建设方面，该市也已经制定和完善了数据资源管理标准和开放共享规范，实现了多库数据信息同步更新和海量分析处理的目标。

为解决停车管理工作中车位紧张，停车难、难停车，“开车 5 分钟，停车半小时”等问题，2019 年，Z 省首个提供“先离场、后付费”便捷泊车的城市大脑停车系统在 H 市正式上线。这个系统覆盖该市辖区所有区县市，接入数十万个停车泊位，实现了“一次绑定、全城通停”。该停车系统由 H 市城管局牵头，按照城市大脑建设总体部署，着力打造停车版最强大脑。具体来讲，由城管部门收集泊位、停车等数据，同时融合一些交警的数据、违停的数据、卡口数据，以及高德停车轨迹等，基于这些基础数据做大数据分析，为交警、物价、质监、市场监管、城管等部门提供监管支撑。其主要运行步骤主要有以下几个环节：

首先，把 H 市整体区块划分成小网格，目前总共划了近 9000 个网格。在分区域展现停车难易程度的大屏幕中心，有红色、黄色、绿色的色块，显示了该处停车的难易程度。红色代表饱和、黄色代表拥挤、绿色表示空闲。其次，对这一个个网格的车位供需情况、停车的难易情况进行综合分析，可以知道每个网格停车的难易程度，比如这个网格什么时候停车比较难、供需的情况是怎样的。最后，给出 H 市停车难的一个量化答案，什么地方停车难，有多难，在量化后进行评价。

---

① “一整”强调整体政府的建设，从过去以部门和信息化为基础，慢慢变成将城市作为一个整体来建设；“两通”指的是治理要通，系统要通；“三同”则指数据和政府、企业之间要相互协同；最终目标是实现惠企直达、民生直达和基层治理直达。

除了分析现状的功能外，该停车系统还具有寻找城市停车盲点，提高车位利用效率的效用。违停数据和已接入的动态停车数据对照分析，方便后期相关部门有针对性地调整价格、增设诱导牌、改善交通组织，进行“定点消除”，把城市里稀有的泊位都合理利用起来。

城市大脑停车系统的具体应用场景包含医院停车分流、小区错峰停车等。就医院周边的停车分流场景来看，主要的做法就是将停车场泊位忙闲等信息聚合后，协同共享给属地政府，属地政府再通过引导屏、短信发送等方式，实现智能诱导，让车辆直达停车场，停车不排队。具体的步骤又分为三步：一是归集资源、前置分流；二是现场的空位导航、引导推送；三是现场多方协同，让“打结”的车辆“顺”起来。从小区错峰停车场景来看，主要的做法就是将小区夜间停车位置引导至周边楼宇的停车场，建立起“线上＋线下”泊车引导方式。该停车 APP 可以对车主开放所有停车泊位，提供实时找车位、先离场后支付“一条龙”停车服务。市民还可以通过这款 APP 实现先停车后缴费，收费系统会自动从绑定车牌并开通了免密支付的支付宝、微信或其他账户中“秒扣”停车费。此外，还有预定停车位、室内引导寻车等功能。

城市大脑停车系统的智慧停车综合管理平台。智慧停车综合管理是城市停车资源管理者和停车场运营商使用的操作平台，停车场运营商在该平台进行配置停车场信息、管理收费员、查看停车场运营数据等操作，优化管理流程；城市资源管理者在该平台可进行城市停车数据分析、财务分析、清分结算、记录查询、会员管理等功能，提升管理水平，降低运营成本，为提高全市停车资源利用、城市发展做决策。

城市大脑停车系统的智慧停车决策分析。智慧停车决策分析在采集的停车场以及路侧停车位数据基础上，结合其他交通数据，运用大数据分析理论和算法对城市的停车现状进行科学分析。本系统旨在为停车管理部门的规划研判、政策制定、管理服务提供决策支撑，以期通过科学安排停车设施、构建有序停车环境、合理引导交通需求，逐步形成与城市资源条件和土地利用相协调，与公共交通优先发展战略相适应，与未来车路协同、无人驾驶等交通技术相符合的可持续停车发展模式。

城市大脑停车系统提供的智慧停车便捷服务。充分运用城市大脑停车系统建设成果，以城市大脑停车系统汇聚的H市停车场（库）的实时数据为基础服务，建设服务渠道便捷多样，集停车余位预测、停车资源发布查询，停车预约，景区/重大活动调度，医院/商圈调度、停车诱导发布、虚拟泊位与错峰停车、路径导航与接驳推荐、先离场后付费、无感支付、柔性执法等为一体，功能实用全面的智慧停车便捷服务系统。

城市大脑停车系统的保障系统。首先，注重市级统筹。市级主管部门负责建立和管理全市停车统一基础信息平台，统一技术标准，按规定落实信息安全管理措施和开放共享，为停车政策的制定提供决策数据。其次，实行分级负责，在建设过程中，实行市、区两级分级筹资、分级建设、分级管理模式。最后，强化制度保障。2019年12月31日，该市以政府令形式公布的《H市机动车停车场（库）建设和管理办法》，详细规定了各级政府部门对停车场建设、管理的职责分工，停车场建设单位的配建要求等。实施强力监督，对停车场未同步配建信息管理系统，未接入统一信息平台，不具备智慧化管理功能，未实现在线电子统一支付、现金支付等多种支付方式的，都明确了具体行政处罚措施，全方位保证了各项工作的有序推进。

自城市大脑停车系统运行以来，数据接入量随时间推移增长迅速，呈现出指数型增长。2019年，H市主城区一共有停车泊位约74万个，H市城市大脑停车系统已经接入1749个停车场库，有47.4万个停车泊位信息。截至2021年上半年，H城市大脑停车系统平台已接入4800个停车场库（点）、136万个泊位，汇聚59亿条涵盖停车生态各要素的数据。H城市大脑停车系统推出的便民应用场景“先离场后付费”已涵盖全市3500余个停车场（点）、76万个泊位，基本实现对外开放收费停车场（点）全覆盖，市民只需“一次绑定”，就能实现“全城通停”。除此之外，H 市还专门成立了“城市大脑停车运营有限公司”，将便捷泊车的应用场景固化下来，开始公司化运营。

三　Q 省 J 市运用大数据促进数字政府建设

近年来，J 市以“全省第一，全国先进”为目标，以构建坚实数字基础、高效数字政府、智能数字社会为重点，扎实开展数据融合创新应用，数据管理、数据开放、数据应用、可信身份认证和电子印章应用等工作走在全国前列，电子证照亮证、无证明城市建设、机关内部“一次办成”改革、“卡码联动”应用走在全省前列。

2019 年 10 月，J 市印发《数字政府建设实施方案（2019—2022）》，从基础设施集约化等方面，对数字政府建设进行了全方位、立体式规划。2021 年 9 月，J 市又印发《J 市“十四五”数字规划》，对“十四五”期间的数字政府建设工作进行了系统谋划和全面部署，明确提出要将该市建设成为“创新高效的数字政府样板城市”。近年来，J 市各级各部门认真贯彻省、市关于推进数字政府建设的部署要求，持续推进政务服务、公共服务和社会治理等领域数字化转型，数字政府建设取得积极成效。

（一）推进数字政府基础设施建设，数据应用基础实现新提升

一是提升政务云网支撑能力。J 市政务上云率实现 100%，电子政务外网实现部门、区县、街镇、中心社区全覆盖；完成城市大脑底座平台一期和统一政务区块链平台建设，部署市交通大脑、一体指挥平台等应用系统，构建“一云多平台”创新模式，荣获“未来运营领军者”奖项。

二是完善大数据资源体系。J 市数据共享交换平台发布数据目录 1 万余个、数据资源 1.4 万余项，有效支撑疫情防控、义务教育入学网上报名、“保医通”等应用场景的数据需求；加快数据治理，形成

以统一社会信用代码和身份证为核心的法人综合数据和人口综合数据，支撑上万家企业、近百万人次各类业务比对筛查。2021 年，J 市被评为数据开放标杆城市，位居全国开放数据标杆城市第 5 位、副省级城市第 2 位，其中数据数量、数据质量、数据规范和开放范围等数据层指标位居全国第一，连续三年荣获全国“数开成荫奖”。

三是推进一体化综合指挥平台建设。以市委办公厅、市政府办公厅名义印发《J 市一体化综合指挥平台建设工作方案》，平台基本实现视频指挥、现场调度、实时监控、疫情防控四大功能，相关指标位居全省前列。

四是加快数据要素流通。以政府令形式出台全省首个公共数据管理方面的地方规章——《J 市公共数据管理办法》，数据立法工作走在全国前列；在全省率先发布市级公共数据清单，其公共数据开放网成为全省第一个全面开放水电气暖数据的平台。起草《J 市数据资源登记和交易流通试行办法》，基本建成数据资源登记系统，积极探索推动数据要素市场化改革，努力打造数据登记和流通典范，推进构建大数据产业生态。

五是探索量子技术融合创新。建设完成电子政务外网量子通信应用认证平台，打造国内首个量子通信技术与电子政务外网认证密码技术创新融合的典型应用，得到国家信息中心（国家电子政务外网管理中心）和省大数据局高度评价。省委网信办已将 J 市申报的“量子 +”数字政务融合创新安全应用平台列入全省网络安全试点示范工程。

六是强化数据安全保障。优化数据安全监管平台协同分析和数据安全事件处置功能，通过建设公共数据安全监管平台，强化国产密码、区块链等技术应用，形成完善数据安全防护体系，相关做法入选 J 市“西湖论剑”十大新型智慧城市案例。

（二）推进数字政府服务效能提升，营商环境实现新优化

一是提升“一网通办”水平。完成“一网通办”总门户改版上

线，市级依申请政务服务可网办事项网办率达到99%以上，“一件事”服务专区全链条网办事项达到280项，归集上传省平台办件数据4000余万件，均居全省前列。

二是提升“掌上办”水平。打造全天候服务型“掌上政府”被市政府列为2021年为民办的22件实事之一，新上线疫苗预约、公积金特色服务、公共资源交易等专区，实现不动产登记掌上办理、建设企业资质刷脸认证、无犯罪证明、户籍证明、临时身份证明掌上开具和电子不动产证掌上亮证，完成城市空气、饮用水源、燃气报装、供暖服务等多个生活服务应用上线，掌上办政务服务应用已达1603项，提前完成年度目标任务。2021年，该掌上办政务服务APP先后被评为“电子政务典型案例”（中国计算机用户协会）、“中国信息化数字政务创新奖”（中国电子商会）和“政府信息化创新成果与实践案例”（中国信息协会）。

三是提升“无证明城市”建设水平。与公安部一所合作开发推行可信身份认证和电子印章系统，居全国前列。实现31个领域的5600多个办事事项免跑腿，42个市级证明事项网上开具，18项市级高频证明可在APP掌上办理，累计减少纸质证明材料1200多万份；在热点领域开通运行22个高频可信身份认证应用和32个高频电子印章应用，提供服务1200万次以上，市政务服务大厅70%“一窗办理”事项实现亮码可办，公安、人社、公积金等业务实现“一章通办”；在9个区县试点为新开办企业免费发放电子印章，同步推出85个政务服务应用事项。“J市无证明城市建设”入选“2021信息化科技创新推荐目录”（中国通信工业协会）。

四是提升机关内部“一次办成”改革水平。事业单位人员“全周期管理一件事”率先在全省上线运行，市级127个事项、区县744个事项实现网上运行，实现了市级跨部门事项一次性办结率90%，区县跨部门事项一次性办结率70%的改革目标。J市机关内部“一次办成”荣获工信部赛迪研究院“2021政务服务最佳创新应用奖”。

（三）推进数字政府便民应用建设，智能应用场景得到新拓展

一是全国首创政务数据可信共享新模式得到国家信息中心专家高度评价，已以市政府名义向中央网信办申报国家区块链创新应用试点。目前，已在金融机构推广，上线金融服务产品 18 个，授信额度近 50 亿元，发放信用贷款 11.1 亿元，惠及小微企业 2211 家，并在司法公证、政务服务、社会应用等领域落地应用，省会城市经济圈等省内 14 个城市开始复制推广。

二是“保医通”服务平台拟在全国全省推广。在全国率先探索建设“保医通”服务平台，7 家主流保险机构的 30 余款商业医保产品已实现无纸化、线上化快速结算，最快赔付时间为 2 分钟，国家、省医保局明确要求试点推广。

三是数据应用场景力争全领域覆盖。全力推进全城“一码通”工作，实现部分特定人群公交卡、健康码“卡码联动”、自动核验，有效解决了公交乘客健康码核验难题，提升了群众出行便捷度，“卡码联动”智慧出行新示范被省自贸办列入拟在全省复制推广的候选改革试点经验；长者助餐、退休静默认证、老年免费公交卡免年审、等一批便民利民场景被央视新闻专题报道。

四　以上典型案例的启示

综合分析以上典型案例，以大数据等先进科技手段增强国家治理的技术支撑，显然可以有效引领社会各领域各方面的资源配置创新，进而有效创新国家治理方式，不断提高国家治理信息化、精细化及智能化水平，不断提高国家治理的便民化、利民化程度。这其中，有几条共性经验可以给运用大数据推进国家治理现代化带来深刻启示。

第一，运用大数据能够不断推进国家治理的体制机制改革。加强改革顶层设计，要“敢于突进深水区，敢于啃硬骨头，敢于涉险滩，敢于面对新矛盾新挑战，冲破思想观念束缚，突破利益固化藩篱，坚

决破除各方面体制机制弊端”①。在传统国家治理模式下，数据信息之所以流通不畅、共享不足，其根源是因为体制、机制的僵化不活，以及利益藩篱的禁锢，再有就是思想认识不到位和技术要求达不到。大数据理念及技术的运用，则可以有效推进解决这些问题的进程，甚至可以发挥出倒逼体制机制变革的效果。这其中一定要抓住一体化网上政务平台建设这个重中之重，将其作为加快转变政府职能，全面提升政务服务规范化、科学化水平，推动国家治理现代化的重要举措。只有建立了规范化、标准化的一体化在线政务服务平台，才能有效解决国家治理中体制不活、机制不顺的关键问题，使得便民服务更加通畅、载体平台日益健全、数据信息充分共享，真正实现数据信息的资源整合，构建起跨地区、跨领域、跨层级、跨部门、跨系统的数据共享和互通机制。

第二，运用大数据能够不断满足人民群众对国家治理的价值诉求。“江山就是人民，人民就是江山。”② 为民造福是立党为公、执政为民的本质要求，也是运用大数据促进国家治理现代化的本质要求。大数据能否提升国家治理现代化水平，其中最为重要的一条标准就是以更好地服务民生为价值导向，要看能否坚持人民主体地位的价值关怀，能否体现维护社会公平正义的群众诉求，能否推进实现社会和谐稳定的治理目标，而这一切都可以归结为是否能够更好地服务民生。以民生诉求为鲜明导向，不断实现大数据与国家治理的有机契合，才能真正体现大数据的时代价值。为此，国家治理的各类主体就要更加深刻地认识到，只有切实把握住现代科技发展大势，把最新科技运用于治理实践，才能切实解决好人民群众关注的热点、难点问题，不断增强其获得感、幸福感。

第三，运用大数据能够不断推进国家治理民主化水平。“人民民

① 习近平：《高举中国特色社会主义伟大旗帜 为全面建设社会主义现代化国家而团结奋斗——在中国共产党第二十次全国代表大会上的报告》，人民出版社 2022 年版，第 9 页。

② 习近平：《高举中国特色社会主义伟大旗帜 为全面建设社会主义现代化国家而团结奋斗——在中国共产党第二十次全国代表大会上的报告》，人民出版社 2022 年版，第 46 页。

主是社会主义的生命，是全面建设社会主义现代化国家的应有之义。”① 治理的要旨在于多元共治，强调的是发挥党委、政府、社会组织和公众等多主体的协同作用，强调自愿和分担，鼓励参与者自主表达、协商对话，并达成共识，形成符合整体利益的公共政策。从这个角度来说，它也是社会主义基层民主的一种重要实现形式，也是国家治理发扬全过程人民民主的重要实现形式。充分发挥大数据等最新科学技术在国家治理中的推动作用，无疑是有利于推进社会多元化主体更积极、更有效地参与国家治理实践的，也有利于推动建成人人有责、人人尽责、人人共享的社会治理共同体，进而推动人民群众共同享受社会治理成果。

第四，运用大数据能够不断提高国家治理智能化水平。当今我们已经处于一个信息化、数字化时代，提升治理的智能化水平已经是顺应现代科技发展趋势的必然要求。而衡量治理智能化水平的重要标志和标准就是大数据、云计算、区块链、人工智能等最新网络信息技术在治理现代化体系建设中的应用广度和深度。对于国家治理现代化建设来说，提升其智能化水平，可以有效破解很多治理难题。如今的国家治理要适应新时代要求，必须强调适应科技发展的系统治理、协调治理和源头治理，既需要科技驱动下治理的系统性、协同性、综合性的实现，也需要从源头上发现并解决问题从而防微杜渐、防患于未然。

第五，运用大数据能够不断提升国家治理效能。对于国家治理来说，充分运用好现代科技无疑能够有效提升治理效能。因为大数据、云计算、人工智能等最新技术手段，能够科学汇集和分析不同地区、不同群体、不同层次的治理需求，进而有利于党委和政府等相关部门制定形成让各方都相对满意的治理方案，即个性中包含共性、共性中兼容个性的方案。同时，大数据等现代科技手段被广泛应用于国家治

① 习近平：《高举中国特色社会主义伟大旗帜 为全面建设社会主义现代化国家而团结奋斗——在中国共产党第二十次全国代表大会上的报告》，人民出版社2022年版，第37页。

理实践，还有利于通过党委、政府、社会组织和个人等多元化主体协同努力以实现治理的整体性、关联性、动态性，从而更加有利于通过整合数据资源，突破区域、部门和层级限制，建立信息资源共享平台，数据信息实现互认共享，进而达到提升治理效能的目标。

结语　大数据国家治理——信息时代历久弥新的研究课题

大数据时代是一个信息化革命不断深入推进的时代，随着数据信息流通的日益加快，数据分析处理技术的不断发展，大数据正愈来愈深刻地影响着国家治理的理念向度、决策思路和工作机制，正有力地推动着国家治理体系和治理能力走向现代化。“大数据开启了一次重大的时代转型”“大数据正在改变我们的生活以及理解世界的方式”①。对于推进国家治理体系和治理能力现代化来说，大数据已经成为核心驱动力，既是一种科学先进的治国理念，又是一种不可或缺的战略资源，同时还是一种创新发展的治理技术。

作为一种科学先进的治国理念，大数据推动着国家治理体系和治理能力向着现代化发展。大数据引发的最根本、最关键的重要变革是思想领域的。因为只有思想理念更新了，其他体制机制的更新、技术方法的变革才有了根本前提。深刻理解大数据，首要的就是认识到它是一种思维方式的变革。比如，在国家治理实践中，基于大数据的思维分析和解决问题，在思想上要从小数据条件下重因果关系的分析，转变为大数据条件下重关联关系的分析。“相关关系的核心是量化两个数据之间的数理关系，相关关系强是指当一个数据值增加时，另一

① ［英］维克托·迈尔－舍恩伯格、［美］肯尼思·库克耶：《大数据时代：生活、工作与思维的大变革》，盛杨燕等译，浙江人民出版社2013年版，第1页。

个数据值很可能也会随之增加。”① 决策者一旦掌握了全景式的大数据，就可以直接根据关联性分析得出结论，没有必要再通过小数据的样本分析，通过因果关系的推理去获得相关结论。再如，将大数据运用于国家治理，要求数据开放和共享。因为只有数据实现了开放和共享，国家治理才能真正实现从“管理”向“治理”的转变，社会多元主体才能更加积极有效地参与到国家治理的实践当中。这首先也需要国家治理主体实现思想上的转变，要打破“利益藩篱”“小农意识”的禁锢，使数据更好地体现其坚持人民主体地位、维护人民根本利益的社会价值。

作为一种不可或缺的战略资源，大数据推动着国家治理体系和治理能力向着现代化发展。如前文所述，在信息经济时代，大数据是能与石油相媲美的重要战略资源。对于国家治理来说，合理运用大数据资源，可以提高国家治理能力，推进国家治理体系改革，进而有效提升国家治理效能。作为国家治理的重要战略资源，大数据一旦遭到不法黑客或是敌对势力的侵入或者破坏，其后果是相当严重的，会给国家意识形态安全、政治稳定、经济发展等方面带来严重威胁。大数据资源库的建立，需要国家的统一谋划，而大数据资源库的维护，同样需要国家的统一谋划。因为大数据具有开放性、流动性及整体性等特点，任何一个区域或是部门都很难单独应对网络攻击，国家必须从战略的高度，强化对大数据资源开发和运用的整体规划，这样才能有效避免数据泄露、数据侵袭。比如，微信作为一个大众网络沟通的交流平台，在给人们工作、生活带来了沟通便利的同时，也带来了信息泄露甚至是数据泄密风险，如何有效予以防止，就是一个现实难题。

作为一种创新发展的治理技术，大数据推动着国家治理体系和治理能力向着现代化发展。在信息化时代，社会公众可以更加便利地通过网络渠道获得国家治理的各类信息，对于国家治理的效能有了更多

---

① ［英］维克托·迈尔－舍恩伯格、［美］肯尼思·库克耶：《大数据时代：生活、工作与思维的大变革》，盛杨燕等译，浙江人民出版社 2013 年版，第 71 页。

诉求与期待，也更加期望能够积极参与到国家治理实践中去。大数据的技术和方法，为满足社会公众的这些诉求和期待提供了有利条件和相关支撑。对国家有关部门来讲，就是要充分运用这种新技术和方法，打造好大数据施政的载体和平台，在公共管理部门和社会公众之间搭建起相互沟通的桥梁和渠道，吸引更多的社会主体参与“治理”，这样才能更好地倾听来自基层的呼声，增强相互之间的理解和包容，进而更好地实现国家治理服务于民的价值目标。在发展和运用大数据技术方面，我们还应该保持头脑清醒，认识到中国与西方发达国家在云计算、人工智能、区块链等大数据相关技术方面还存在一定的差距，将大数据运用于国家治理实践的技术保障能力还有所欠缺，必须继续出台相关政策和采取有效措施推动大数据产业发展、技术提升。

大数据可以推进国家治理体系和治理能力现代化，这一点毋庸置疑。但是，我们仍然要辩证地看待这一问题，“信息技术不仅孕育着走向数字民主的巨大机会，而且潜伏着滑向‘数字利维坦’的现实风险”①，在认识到其正面推进作用的同时，也要深刻认识到其可能产生的负面影响，必须走出以下几个思想误区。

第一，相关关系万能论。“我们可能会完全受限于我们的分析结果，即使这个结果理应受到质疑。”② 大数据分析的逻辑主要是基于事物之间的相关性，但这并不意味着因果性分析就不重要。大数据分析数据信息相互关联性有利于提升决策水平，但这并不等于说因果关系就不重要。完全依靠知其然，而不知其所以然，会带来国家治理决策的失误，尤其是涉及民生等重要问题的公共决策，不仅要重视相关分析，更要重视综合决策者的工作经验和执政智慧。

第二，精准预判无限好。大数据有利于国家治理部门作出精准预

---

① ［美］阿尔弗雷德·D. 钱德勒、詹姆斯·W. 科塔达：《信息改变了美国：驱动国家转型的力量》，上海远东出版社 2011 年版，第 2 页。

② ［英］维克托·迈尔-舍恩伯格、［美］肯尼思·库克耶：《大数据时代：生活、工作与思维的大变革》，盛杨燕等译，浙江人民出版社 2013 年版，第 210 页。

判，但这不仅仅具有积极意义，还有消极影响，有时结果预判甚至会挑战基本伦理规范。比如大数据在实现精准预测的同时，很可能会削减或剥夺社会主体自由探索的机会并引发一系列问题（如运用大数据进行“钓鱼执法”），这无疑违背了文明社会“人人平等”的基本伦理。

第三，数据信息崇拜论。大数据时代的国家治理容易对数据信息产生崇拜和依赖，进而变成数据的附庸。这常常会导致决策者在数据海洋中迷失自我，也会导致国家治理风险的剧增，特别是信息高度自动化以后，大数据技术的一点小故障都有可能导致国家治理体系瘫痪而无法运转，因而我们必须始终把大数据当作辅助工具自觉、主动地予以运用。

综上所述，运用大数据推进中国国家治理现代化，既要深刻认识其积极作用，认识到大数据引领的不仅仅是治理技术领域的革命，更是治理理念的革新，又要注意摒弃大数据对于国家治理可能产生的消极影响，使大数据充分发挥出推进国家治理现代化的重要价值。

大数据时代推进国家治理现代化，是一个信息时代历久弥新的研究课题，是一个需要政界、学界以及社会各界继续共同努力推进的时代课题。

参考文献

一　重要文献

《马克思恩格斯选集》第1—4卷，人民出版社2012年版。
《列宁全集》第29、33卷，人民出版社1985年版。
《列宁选集》第1—4卷，人民出版社2012年版。
《毛泽东选集》第1—4卷，人民出版社1991年版。
《毛泽东文集》第1—8卷，人民出版社1993、1996、1999年版。
《毛泽东年谱（一九四九——一九七六）》第3卷，中央文献出版社2013年版。
《毛泽东文艺论集》，人民出版社2002年版。
《邓小平文选》第1—3卷，人民出版社1993、1994年版。
《邓小平思想年编（1975—1997）》，中央文献出版社2011年版。
《江泽民文选》第1—3卷，人民出版社2006年版。
《胡锦涛文选》第1—3卷，人民出版社2016年版。
《习近平谈治国理政》，外文出版社2014年版。
《习近平谈治国理政》第2卷，外文出版社2017年版。
《习近平谈治国理政》第3卷，外文出版社2020年版。
《习近平谈治国理政》第4卷，外文出版社2022年版。
《习近平关于协调推进“四个全面”战略布局论述摘编》，中央文献出版社2015年版。
《习近平关于实现中华民族伟大复兴的中国梦论述摘编》，中央文献出版社2013年版。

习近平：《高举中国特色社会主义伟大旗帜 为全面建设社会主义现代化国家而团结奋斗——在中国共产党第二十次全国代表大会上的报告》，人民出版社2022年版。

《十六大以来重要文献选编》（上、中、下），中央文献出版社2005、2006、2008年版。

《十七大以来重要文献选编》（上、中、下），中央文献出版社2009、2011、2014年版。

《十八大以来重要文献选编》（上、中、下），中央文献出版社2014、2016、2018年版。

《十九大以来重要文献选编》（上、中），中央文献出版社2019、2021年版。

二 主要著作

本书编委会：《促进大数据发展行动纲要》，人民出版社2015年版。

本书编写组：《大数据领导干部读本》，人民出版社2015年版。

陈军君、吴红星、张晓波：《大数据应用蓝皮书：中国大数据应用发展报告No.5》（2021），社会科学文献出版社2021年版。

陈潭：《大数据时代的国家治理》，中国社会科学出版社2015年版。

陈潭：《治理的变革：网络空间的意义世界与行动逻辑》，人民出版社2017年版。

大数据战略重点实验室：《块数据2.0：大数据时代的范式革命》，中信出版社2016年版。

大数据治国战略研究课题组：《大数据领导干部读本》，人民出版社2017年版。

郭晓科：《大数据》，清华大学出版社2013年版。

江青：《数字中国：大数据与政府管理决策》，中国人民大学出版社2018年版。

金江军：《电子政务理论与方法》，中国人民大学出版社2017年版。

金江军、郭英楼：《智慧城市：大数据、互联网时代的城市治理》，电子工业出版社 2018 年版。

李季：《中国电子政务发展报告："互联网 +"创新政务服务新模式（2017）》，社会科学文献出版社 2017 年版。

李军：《大数据——从海量到精准》，清华大学出版社 2014 年版。

李志刚：《大数据、大价值、大机遇、大变革》，电子工业出版社 2012 年版。

连玉明等：《大数据蓝皮书：中国大数据发展报告》（No. 1—No. 5），社会科学文献出版社 2017—2021 年版。

林子雨：《大数据导论——数据思维、数据能力和数据伦理》，高等教育出版社 2020 年版。

刘运席：《大数据治理与服务》，电子工业出版社 2021 年版。

吕欣：《大数据与国家治理》，电子工业出版社 2020 年版。

梅宏：《大数据导论》，高等教育出版社 2018 年版。

涂子沛：《大数据：正在到来的数据革命》，广西师范大学出版社 2013 年版。

涂子沛：《数据之巅——大数据革命，历史、现实和未来》，中信出版社 2014 年版。

涂子沛：《数文明》，中信出版社 2018 年版。

王宏志：《大数据治理：理论与方法》，电子工业出版社 2021 年版。

王建冬、童楠楠、易成岐：《大数据时代公共政策评估的变革》，社会科学文献出版社 2019 年版。

徐继华、冯启娜、陈贞汝：《智慧政府——大数据治国时代的来临》，中信出版社 2015 年版。

许跃军：《互联网 + 政务服务：新形势、新趋势、新未来》，电子工业出版社 2018 年版。

燕继荣等：《中国现代国家治理体系的构建》，社会科学文献出版社 2018 年版。

杨进中：《虚实融合的研究性学习环境构建研究》，人民出版社 2018 年版。

张锐昕:《电子政府与电子政务》，中国人民大学出版社 2011 年版。

《中共中央关于坚持和完善中国特色社会主义制度 推进国家治理体系和治理能力现代化若干重大问题的决定》，人民出版社 2019 年版。

[美] B. 盖伊·彼得斯:《政府未来的治理模式》，吴爱明等译，中国人民大学出版社 2012 年版。

[美] 阿尔文·托夫勒:《第三次浪潮》，黄明坚译，中信出版社 2006 年版。

[美] 弗兰克斯:《驾驭大数据》，黄海等译，人民邮电出版社 2013 年版。

[美] 桑尼尔索雷斯:《大数据治理》，匡斌译，清华大学出版社 2014 年版。

[美] 珍妮特·V. 登哈特:《新公共服务: 服务，而不是掌舵》，丁煌译，中国人民大学出版社 2004 年版。

[英] 维克托·迈尔－舍恩伯格、[美] 肯尼思·库克耶:《大数据时代: 生活、工作与思维的大变革》，盛杨燕等译，浙江人民出版社 2013 年版。

Bruce Glymour, *Data and Phenomena: A Distinction Reconsidered*, Erkenntnis, 2000.

F. Chang, J. Dean, S. Ghemawat, W. C. Hsieh, et al., *A Distributed Storage System Forstructures Data: Proceedings of the 7th Symposium on Operating Systems Designand Implementation*, Seattle, WA, USA, 2006.

James W. McAllister, *Phenomena and Patterns in Data Sets*, Erkenntnis, 1997.

Patrick Dunleavy, *Digital Era Governance: It Corporations, the State, and E-Government*, Oxford University Press, 2006.

Paul Zikopoulos, Chris Eaton, *Understanding Big Data: Analytics for Enterpriseclasshadoop and Streaming Data*, McGraw-Hill Osborne Media, 2011.

R. G. Alonso, and S. L. Castro, *Technology Helps*, *People Make*: *A Smart City Governance Framework Grounded in Deliberative Democracy*, Public Administration and Information Technology, 2016.

三 报刊论文

安小米、白献阳、洪学海:《政府大数据治理体系构成要素研究——基于贵州省的案例分析》,《电子政务》2019 年第 2 期。

安小米、郭明军、洪学海等:《政府大数据治理体系的框架及其实现的有效路径》,《大数据》2019 年第 3 期。

鲍静、范梓腾、贾开:《数字政府治理形态研究: 概念辨析与层次框架》,《电子政务》2020 年第 11 期。

边哲:《提升数字政府治理水平助推“最多跑一次”改革继续深化》,《政策瞭望》2018 年第 5 期。

才世杰、夏义堃:《发达国家开放政府数据战略的比较分析》,《电子政务》2015 年第 7 期。

柴飞燕、孟安宇:《大数据发展与政府治理研究》, 《统计理论与实践》2016 年第 3 期。

陈朝兵:《发达国家应用互联网与大数据推进政府治理的主要做法与借鉴》,《中国特色社会主义研究》2017 年第 6 期。

陈潭:《国家治理的大数据赋能: 向度与限度》, 《中南大学学报》(社会科学版) 2021 年第 5 期。

陈涛等:《推进“互联网 + 政务服务”提升政府服务与社会治理能力》,《电子政务》2016 年第 8 期。

陈奕青、张富利:《大数据环境下的国家治理与风险应对》,《广西社会科学》2021 年第 3 期。

陈颖:《大数据发展历程综述》,《当代经济》2015 年第 8 期。

陈之常:《应用大数据推进政府治理能力现代化——以北京市东城区为例》,《中国行政管理》2015 年第 2 期。

仇立平:《大数据 + 智能化时代社会的“沦陷”与治理》,《探索与争鸣》2018 年第 5 期。

储著源：《大数据时代理论供给：现实困境、战略对策与有效治理》，《重庆大学学报》（社会科学版）2019 年第 1 期。

储著源：《大数据时代理论治理：问题生成、顶层设计与路径选择》，《河南大学学报》（社会科学版）2018 年第 2 期。

代红、张群、尹卓：《大数据治理标准体系研究》，《大数据》2019 年第 3 期。

戴长征等：《数字政府治理——基于社会形态演变进程的考察》，《中国行政管理》2017 年第 9 期。

邓纯东、辛向阳：《马克思主义国家学说的基本内涵及现实价值》，《中国社会科学报》2015 年 1 月 14 日。

邓子云、陈磊：《大数据时代的政府治理众包模式研究》，《长白学刊》2019 年第 3 期。

董立人：《智慧治理："互联网 +"时代政府治理创新研究》，《行政管理改革》2016 年第 12 期。

付玉辉：《大数据传播：技术、文化和治理》，《中国传媒科技》2013 年第 3 期。

高志华、谢标：《政务大数据赋能政府治理现代化的逻辑、现实困境与调适对策》，《决策与信息》2021 年第 12 期。

耿亚东：《大数据时代政府治理面临的挑战及其应对》，《中州学刊》2017 年第 2 期。

耿亚东：《政府治理变革的技术基础——大数据驱动下的政府治理变革研究述评》，《公共管理与政策评论》2020 年第 4 期。

郭超：《大数据时代网络意识形态安全精准治理的三重向度》，《重庆邮电大学学报》（社会科学版）2021 年第 5 期。

郭建锦、郭建平：《大数据背景下的国家治理能力建设研究》，《中国行政管理》2015 年第 6 期。

国务院办公厅政府信息与政务公开办公室：《全国综合性实体政务大厅普查报告》，《中国行政管理》2017 年第 12 期。

韩影、张爱军：《大数据与网络意识形态治理》，《理论与改革》2019年第1期。
何欣峰：《大数据时代的政府治理分析》，《郑州大学学报》（哲学社会科学版）2015年第6期。
何增科：《理解国家治理及其现代化》，《马克思主义与现实》2014年第1期。
河南省社会科学院课题组：《数据治理驱动政府治理效能提升的影响机制与优化路径》，《中州学刊》2020年第2期。
贺宝成：《大数据与国家治理》，《光明日报》2014年3月27日。
胡洪彬：《大数据时代国家治理能力建设的双重境遇与破解之道》，《社会主义研究》2014年第4期。
胡厚翠：《大数据时代政府治理能力提升的对策建议》，《岭南学刊》2018年第3期。
胡雄伟、张宝林、李抵飞：《大数据研究与应用综述》（上），《标准科学》2013年第9期。
胡雄伟、张宝林、李抵飞：《大数据研究与应用综述》（中），《标准科学》2013年第10期。
黄其松：《结构重塑与流程再造：大数据时代政府治理体系转型》，《贵州社会科学》2018年第1期。
黄其松、刘强强：《大数据与政府治理革命》，《行政论坛》2019年第1期。
黄未、陈加友：《创新行政管理和服务方式 推进数字政府建设》，《贵州社会科学》2019年第11期。
姜春力：《大数据助力智库建设》，《经济》2016年第17期。
姜奇平：《全球大数据——大数据的时代变革力量》，《互联网周刊》2013年第1期。
蒋瑾、王磊：《大数据推动地方政府治理创新研究》，《中国管理信息化》2021年第7期。
焦石文：《改革开放以来中国政府治理方式的变迁》，《理论与改革》

2018 年第 6 期。
解华朝、刘超捷：《大数据在推进政府治理现代化过程中的应用研究》，《行政与法》2015 年第 2 期。
黎智洪：《大数据背景下地方政府治理工具创新与选择》，《湖南大学学报》（社会科学版）2018 年第 5 期。
李锋：《运用大数据提升国家治理现代化水平》，《电子政务》2018 年第 5 期。
李国杰、程学旗：《大数据研究：未来科技及经济社会发展的重大战略领域——大数据的研究现状与科学思考》，《中国科学院院刊》2012 年第 11 期。
李江静：《大数据对国家治理能力现代化的作用及其提升路径》，《中共中央党校学报》2015 年第 8 期。
李劲松：《大数据时代如何提升国家治理能力》，《人民论坛》2018 年第 1 期。
李丽、李敏：《利用大数据提升政府治理效能》，《人民论坛》2017 年第 2 期。
梁志峰、左宏、彭鹏程：《基于大数据的政府决策机制变革：国家治理科学化的一个路径选择》，《湖南社会科学》2017 年第 3 期。
廖振民：《大数据治理：传统政府治理的变革之道》，《桂海论丛》2018 年第 2 期。
林青：《大数据应用与文化发展趋势——〈大数据大文化〉研究报告述评》，《江西社会科学》2014 年第 3 期。
林艳艳：《大数据助推政府治理变革研究》，《中国管理信息化》第 23 期。
刘博：《大数据时代的国家治理现代化》，《领导之友》2014 年第 7 期。
刘建明：《“大数据”不是万能的》，《北京日报》2013 年 5 月 6 日。
刘淑春：《数字政府战略意蕴、技术构架与路径设计——基于浙江改革的实践与探索》，《中国行政管理》2018 年第 9 期。

刘叶婷、唐斯斯：《大数据对政府治理的影响及挑战》，《电子政务》2014 年第 6 期。

柳亦博：《人工智能阴影下：政府大数据治理中的伦理困境》，《行政论坛》2018 年第 3 期。

米加宁、彭康珺、章昌平：《大数据能驱动地方政府机构改革吗?》，《电子政务》2020 年第 1 期。

母睿、王玉婷：《大数据与政府治理能力提升：机遇、挑战与展望》，《沈阳工业大学学报》（社会科学版）2021 年第 1 期。

倪考梦：《大数据时代的政府治理之道》，《决策咨询》2013 年第 6 期。

任廷会：《共享共治共创——贵州深化“互联网 + 政务”改革观察》，《当代贵州》2018 年第 1 期。

沈费伟、诸靖文：《数据赋能：数字政府治理的运作机理与创新路径》，《政治学研究》2021 年第 1 期。

沈建苗：《大数据应用：理想照进现实》，《计算机世界》2012 年 8 月 6 日。

舒洁：《推进数字政府建设优化政府行政生态》，《陕西行政学院学报》2020 年第 1 期。

宋林霖、何成祥：《大数据技术在行政审批制度改革中的应用分析》，《上海行政学院学报》2018 年第 1 期。

宋瑞娟：《大数据时代我国网络安全治理：特征、挑战及应对》，《中州学刊》2021 年第 11 期。

孙海华：《“大数据”时代观点综述》，《经济研究参考》2015 年第 26 期。

孙文博、颜吾佴：《大数据视野下网络舆情治理的政府监管研究》，《长沙大学学报》2017 年第 1 期。

谭海波、孟庆国：《政府 3.0：大数据时代的政府治理创新》，《学术研究》2018 年第 12 期。

唐皇凤、陶建武：《大数据时代的中国国家治理能力建设》，《探索与争鸣》2014 年第 10 期。

田先红：《大数据时代地方政府治理：挑战与应对》，《人民论坛》2020 年第 2 期下第 3 期上合刊。

汪玉凯：《智慧社会与国家治理现代化》，《中共天津市委党校学报》2018 年第 2 期。

王萌萌：《大数据时代政府治理发展趋势》，《重庆行政：公共论坛》2015 年第 2 期。

王山：《大数据时代中国政府治理能力建设与公共治理创新》，《求实》2017 年第 1 期。

王爽：《大数据时代与社会治理创新》，《党政干部学刊》2019 年第 3 期。

王伟玲：《加快实施数字政府战略：现实困境与破解路径》，《电子政务》2019 年第 12 期。

王伟玲：《我国数字政府顶层设计的理念辨析与实践指向》，《行政管理改革》2021 年第 5 期。

王向民：《大数据时代的国家治理转型》，《探索与争鸣》2014 年第 10 期。

王晓明：《发达国家推行大数据战略的经验及启示》，《学习与探索》2014 年第 12 期。

王欣亮、魏露静、刘飞：《大数据驱动新时代乡村治理的路径建构》，《中国行政管理》2018 年第 11 期。

吴朝文、景星维、张欢：《国家治理中大数据智能化的价值、困境与实现路径》，《重庆社会科学》2021 年第 10 期。

吴建树：《大数据时代政府治理能力的提升》，《光明日报》2014 年 9 月 17 日。

吴韬：《习近平国家治理现代化思想的大数据观及其现实意义》，《云南行政学院学报》2018 年第 5 期。

吴文琦：《充分利用大数据技术提升基层政府治理能力》，《人民论坛》2019 年第 12 期。

吴旭莉：《大数据时代的个人信用信息保护：以个人征信制度的完善为契机》，《厦门大学学报》（哲学社会科学版）2019 年第 1 期。

吴勇毅：《大数据热涌背后的冷思考》，《信息与电脑》2012 年第 11 期。

西凤茹、王圣慧等：《基于大数据产业链的新型商业模式研究》，《商业时代》2014 年第 21 期。

肖炯恩、吴应良：《大数据背景下的政府数据治理：共享机制、管理机制研究》，《科技管理研究》2018 年第 17 期。

谢治菊：《大数据优化政府决策的机理、风险及规避》，《行政论坛》，2018 年第 1 期。

熊光清：《大数据技术的运用与政府治理能力的提升》，《当代世界与社会主义》2019 年第 2 期。

徐宗本、张维、刘雷等：《数据科学与大数据的科学原理及发展前景——香山科学会议第 462 次学术讨论会专家发言摘登》，《科技促进发展》2014 年第 1 期。

许欢、孟庆国：《大数据公共治理价值观：基于国家和行政层面的分析》，《南京社会科学》2017 年第 1 期。

许阳、王程程：《大数据推进政府治理能力现代化：研究热点与发展趋势》，《电子政务》2018 年第 11 期。

许珍：《大数据时代国家治理能力现代化的构建路径——整体性治理的视角》，《广西社会科学》2017 年第 6 期。

闫建、高华丽：《地方政府“互联网 + 政务服务”：应然性、存在问题与优化路径》，《理论探索》2020 年第 7 期。

闫建、高华丽：《发达国家大数据发展战略的启示》，《理论探索》2015 年第 1 期。

杨国栋：《数字政府治理的理论逻辑与实践路径》，《长白学刊》2018 年第 6 期。

杨贺：《大数据背景下推进政府治理能力现代化问题研究》，《黑河学刊》2019 年第 2 期。

杨慧、易兰丽：《“互联网+政务服务”发展的困境及实现策略研究》，《现代管理科学》2018年第8期。

杨书文：《我国电子政务建设：从不平衡低水平向一体化智慧政务发展——以36座典型城市为例》，《理论探索》2020年第3期。

杨治坤：《大数据背景下政府治理变革之道》，《江汉大学学报》（社会科学版）2019年第2期。

尹寒、张德鹏：《论大数据背景下的政府治理模式转变》，《湖北社会科学》2020年第12期。

臧超：《大数据时代数字政府的建设向度》，《延边党校学报》2020年第3期。

曾雷：《大数据研究综述》，《软件导刊》2015年第8期。

翟云：《“互联网+政务”：现实挑战、思维变革及推进路径》，《行政管理改革》2016年第3期。

翟云：《中国大数据治理模式创新及其发展路径研究》，《电子政务》2018年第8期。

翟云、程主：《论数字政府的“大问题”：理论辨析、逻辑建构和践行路向》，《党政研究》2022年第1期。

张滨、陈吉荣、乐嘉锦：《大数据管理技术研究综述》，《计算机应用与软件》2014年第11期。

张博：《大数据时代地方政府治理能力提升路径刍议》，《法治与社会》2019年第9期。

张春艳：《大数据时代的公共安全治理》，《国家行政学院学报》2014年第11期。

张会平、胡树欣：《“互联网+政务服务”跨部门数据共享的推进策略研究》，《情报杂志》2018年第12期。

张劲松：《标准化：“互联网+政务服务”的顶层制度设计》，《中国行政管理》2016年第7期。

张青云：《大数据时代政府治理现代化的研究》，《网络安全技术与应用》2021年第4期。

张述存：《运用大数据思维推动政府治理创新》，《紫光阁》2015 年第 10 期。

张勇进、王璟璇：《主要发达国家大数据政策比较研究》，《中国行政管理》2014 年第 12 期。

赵波：《运用“大数据”描绘国家治理新图景》，《人民论坛》2018 年第 11 期。

赵明亮等：《大数据助力国家治理之道》，《瞭望》2015 年第 4 期。

郑志励：《喜忧参半大数据》，《中国图书评论》2013 年第 8 期。

钟莉：《大数据时代地方政府治理创新的现状与推进机制——以广州为例》，《中共太原市委党校学报》2019 年第 2 期。

周慧颖：《大数据背景下“互联网 + 政务服务”平台建设研究——以贵州省为例》，《工作研究与理论探讨》2018 年第 9 期。

周文彰：《以大数据促进国家治理现代化》，《光明日报》2015 年 11 月 25 日。

朱瑞勋：《英美国家电子公共服务发展战略比较及启示》，《行政与法》2017 年第 4 期。

庄国波、陆晓燕：《大数据时代精细化社会治理中安全问题研究》，《理论探讨》2017 年第 6 期。

庄国波、时新：《大数据时代政府绩效评估的新领域与新方法》，《理论探讨》2019 年第 3 期。

资武成：《大数据时代企业生态系统的演化与建构》，《社会科学》2013 年第 12 期。

[美] 麦肯锡公司：《大数据：下一个具有创新力、竞争力和生产力的前沿领域》，《赛迪译丛》2012 年第 25 期。

[美] 约翰·卡尔洛·柏妥：《美国大数据治理模式也面临不少新问题》，郑磊译，《东方早报》2014 年 5 月 20 日。

[瑞士] 埃丝特·戴森：《大数据利弊之辩》，《中国经济报告》2013 年第 6 期。

Alonso, R. G., and S. L. Castro, “Technology Helps, People Make: A

Smart City Governance Framework Grounded in Deliberative Democracy", *Public Administration and Information Technology*, 2016 (11).

Chris Anderson, "The End of Theory: The Data Deluge Makes the Scientific Method Obsolete", *Wired*, 2008.

C. Lynch, "Big Data: How do Your Data Grow", *Nature*, 2008 (9).

Dwork, Cynthia, "A Firm Foundation for Private Data Analysis", *Communications of the ACM*, 2011 (1).

D. Howe, M. Costanzo, P. Fey, T. Gojobori, "Big Data: The Future of Biocuration", *Nature*, 2008 (9).

Hopins, Brian, and Boris Evelson, "Expand Your Digital Horizon with Big Data", *Forester*, 2011 (9).

Manyika, M. Chui, B. Brown, J. Bughin, "Big Data: The Next Frontier for Innovation, Competition, and Productivity", 2011 (2).

Orlikowski, W. J, "The Duality of Technology: Rethinking the Concept of Technology in Organizations", *Organization Science*, 1992 (3).

Pollitt, C., "Joined-Up Government: A Survey, Political Studies Review", 2003 (1).

Steve Lohr, "A Data Explosion Remakes Retailing", *New York Times*, 2010 (1).

Vetrò, A., Canova, L., etc., "Open Data Quality Measurement Framework: Definition and Application to Open Government Data", *Government Information Quarterly*, 2016 (2).

Yang, T. M., Zheng, L., and T. Pardo, "The Boundaries of Information Sharing and Integration: A Case Study of Taiwan E-government", *Government Information Quarterly*, 2012 (1).

四 学位论文

陈春常:《转型中的中国国家治理研究》，博士学位论文，华东师范大学，2011 年。

韩奇：《市场化改革背景下的中国国家治理变迁研究》，博士学位论文，吉林大学，2011 年。

卢洪：《国家治理中大数据应用问题研究——以贵阳市为例》，博士学位论文，中共中央党校，2018 年。

牛正光：《大数据对政府治理现代化的影响研究——以鹤壁市为例》，博士学位论文，中国农业大学，2017 年。

王敏：《“互联网 +” 背景下政府治理能力现代化研究》，博士学位论文，中共中央党校，2018 年。

王乾：《论大数据分析的方法论意义》，硕士学位论文，武汉科技大学，2015 年。

王松原：《国家治理视域中的制度架构研究》，硕士学位论文，中共吉林省委党校，2015 年。

谢鹏：《中国现代化转型下的国家治理模式变迁》，硕士学位论文，外交学院，2015 年。

杨博：《分配改革视域下的国家治理能力建设研究——基于改革开放以来的中国实践》，博士学位论文，吉林大学，2014 年。

张兴华：《当代中国国家治理——现实困境与治理取向》，博士学位论文，华东师范大学，2014 年。

赵志浩：《城市基层政府大数据治理体系研究——以长沙市 F 区为例》，硕士学位论文，湖南师范大学，2020 年。

五　网络材料

傅志华：《大数据的前世今生——大数据特征与发展历程》，中国电子政务网，（2014 - 10 - 08）［2014 - 10 - 17］. http：//www. e - gov. org. cn/ xinxihua/news008/ 201410/ 152734. html.

李国杰：《数据共享——大数据时代国家治理体系现代化的前提》，http：//www. nbyg. net/guest/info_ content. php？ id =31246.

竹立家：《大数据引擎推动国家治理能力现代化》，http：//theory. gmw. cn/2014 -07/10/content_ 11911849. htm.

《决胜大数据》，（2013－01－25）［2014－05－10］，http：//www.danong. com/g/19/zhuanti/2013/0125/35994. html.

［美］凯特·克劳福德：《对大数据的再思考——对“大数据”的五大误解》，美国《外交政策》杂志网（2013－05－09）。

IBM，Center for The Business of Government. *Realizing the Promise of Big Data*：［ROL］.［2014－05－10］，http：//www . business of government. org/ sites/ default/ files/ Realizing %20 the %20 Promise%20 of %20 Big% 20 Data_ 0. pdf.

IBM. Institute for Business Value，*Analysis*：*The Application of Big Data in the Real World*［R/OL］.［2014－05－10］，http：//ftps. zdnet. com. cn/files /3/23443. pdf.

McKinsey Global Institute. *Big Data*：*The Next Frontier for Innovation*，*Competition*，*and Productivity*（2011－03）［2011－04－13］，http：//www. mckinsey. com/insights/business technology/big data_ the_ next_ Frontier for innovation.

Nature，*Big Data*，（2012－10－02）［2014－05－10］. http：//www. nature. com/ news/ specials/ big data/ index. html.

UN Global Pulse，*Big Data for Development*：*Challenges & Opportunities*［R/OL］.［2014－05－10］，http：//www. Un global pulse . org/projects/Big data for development.

后　记

本书系在我的博士学位论文基础之上修改而成。全书主体内容由绪论、第一章至第七章及结语构成，主要论述和分析了选题的研究意义、研究综述、研究方法及创新之处，国家治理、国家治理现代化理论概述，大数据和国家治理现代化的价值衔接，运用大数据促进我国国家治理现代化的基本要求，运用大数据促进国家治理现代化的关键环节，运用大数据促进我国国家治理现代化的保障措施，运用大数据促进国家治理现代化的典型案例述评等将大数据运用于国家治理现代化的理论及实践问题。

当初选择在职攻读博士学位，委实没有想到，撰写一篇博士学位论文，竟是如此地充满艰辛和挑战。数年来，从暖春到金秋，从酷暑到寒冬，我一边从事着紧张繁忙的科研工作，一边停停歇歇地撰写着我的博士学位论文，工作的压力和求学的动力一直驱使着我努力前行，如今终于不负恩师关怀，不负亲友关爱，论文顺利通过答辩并得到了山东社会科学院学术出版资助。回首过往，心中不由感慨万千，各种思绪涌上心头，酸甜苦辣一言难尽，其中最多的还是对于各位老师、同学、亲朋的浓浓感激之情。

首先应当感谢的当然是授业恩师李爱华先生。感谢先生收我于门下，让我幸运地成为李门弟子，加入一个群英荟萃的博士大家庭，让我在这里感受到了温暖、和谐和团结。感谢先生对我的宽容和仁爱，使我尽管一再拖延却始终还能在一个轻松愉快的氛围中从事论文写作。感谢先生从论文的选题、开题到内容框架的确定，再到论文的修改、完善，都给予我悉心指导与大力提携。感谢先生帮我确立了一个好的论文选题，使我在大数据国家治理当中不断取得相关科研成果，并且中标了与此相关的国家社科基金研究课题。感谢先生在我陷入冥思苦想、不得其解的时候，及时拨云见日，让我的思路豁然开朗。师恩如海，衔草难报。先生的谆谆教诲和辛勤培养，是我毕生的宝贵财富，必将铭记于心，时刻自勉。先生治学严谨，待人宽厚，笔耕不辍，授予我们一众弟子的不仅是为学之道，更是为人之道、为师之道，是我们一生学习的典范，必将鞭策和激励我们在科研之路上行稳致远、开拓创新。

论文能够顺利完稿，还要感谢山东师范大学的商志晓、万光侠、高继文、马永庆、崔永杰、张福记、董振平等老师，以及在授课、开题、选题、撰稿、答辩等各个环节上给我无私帮助的其他各位老师。感谢诸位老师循循善诱、妙语连珠的精彩授课，使我在研究生毕业工作多年后再次接受全面系统的高层次知识教育，为科研工作再上新台阶奠定了良好基础。感谢诸位老师在论文撰写过程中对我的指导、批评和鼓励，没有他们的智慧启迪和关怀关爱，我很难顺利完成此篇论文。感谢山东省政协原副主席、山东师范大学原党委书记、山东省社科联主席唐洲雁研究员，感谢他多年来对我工作、学习的大力提携和热心帮助，教会了我很多科研工作方法和论文写作技巧，令我感恩不尽、受益终生。感谢马克思主义学院院长王增福教授、副院长史家亮教授等各位老师在开题、论文写作、答辩等各个环节对我的大力支持和莫大帮助。感谢共同拼搏、互相关爱的孙婷艳、梅丽、孙静静、孙茂全等诸位博士同学，大家在一起学习的日子虽然短暂，但却收获了难能可贵的同学情谊，这将是我一生弥足珍贵的精神财富。

感谢家人、同事在我攻读博士学位期间对我的关心、爱护和帮助。我的挚爱父母双亲均已年逾七旬，尽管他们的知识水平都不算高，但是却有着对知识的特殊渴望和对学历的无限崇敬。我能在研究生毕业多年后还有继续求学深造的热情和干劲，离不开他们的鼓励，离不开他们的教导，离不开他们的鞭策。我能够拿到博士学位，应该也能在一定程度上弥补他们一生的缺憾。在我撰写论文过程中，爱人和孩子给了我莫大的支持和帮助，她们也一直是支持我负重前行的最大动力！在我撰写论文进度不顺、心情惆怅的时候，她们总能及时给我鼓励、体谅、包容和支持，为我带来好心情，促我产生新动力。爱人平时工作非常繁忙，却对我表示了充分理解并给予全力支持，使我可以没有后顾之忧，专注于自己的学业。宝贝女儿珈珈给了我写论文的重要精神力量，比如她时不时地问我的那句话“爸爸你啥时候博士毕业呀”，常常使我感受到了心灵的震撼，警醒我要坚持到底，不要放弃，作出表率。感谢山东社会科学院的领导和同事们，谢谢他们对我的关爱和理解，为我撰写论文提供了很多工作上的便利和帮助，让我可以抽出更多的时间和精力撰写论文。

在整个博士学习、论文撰写及答辩期间，应该感谢的人其实还有很多很多，比如论文匿名外审的五位专家老师，论文答辩委员会的各位老师，等等，在此无法一一列举出他们的名字，只能真诚地对他们说一声感谢，感谢所有理解过我、支持过我、帮助过我、鼓励过我、批评过我的可爱的你们！由衷地对你们表示崇高敬意和真诚谢意！

本书的出版得到了山东社会科学院诸位领导和同事们的鼓励和支持，得到了中国社会科学出版社的大力帮助，特别是该社编辑田文老师为本书出版付出了大量辛勤劳动，在此一并表示诚挚谢意！由于时间仓促、水平所限，书中表述难免有不当之处，敬请专家学者及广大读者批评与指正。

冯锋于泉城济南

2023 年 3 月 1 日